Ralph Gawlick

Berühmte Psychologen – Kurzbiografien und Theorien

Ich, Es und Über-Ich

Das Es, das sagt: "Gib mir ein Bier!"
Das Ich, das meint: "Ich spar es mir!"
Das Über-Ich mischt sich nun ein:
"Lasst beide bitte das Streiten sein!"

Es will nicht hören, haut dem Ich eine rein,
Das Über-Ich ruft: "Lass das sein!"

Das Ich, das weint: "Du böser Schuft!"
noch immer weg ist ihm die Luft.

Das Es tritt nach, bringt Ich in Not,
trotz letzter Wehr ist Ich nun tot.

Das Über-Ich ergreift die Flucht,
nun Es kann folgen seiner Sucht.

Mittlerweile weiß ein jedes Kind,
das Es stets mutig den Kampf gewinnt.

Fazit:
Trotz Erziehung, Anstand und Moral,
das Es ist des Menschen größte Qual.

RalphvonMezz

ISBN-13: 978-1500338305
ISBN-10: 1500338303
Copyright 2014 by RAGID-Selbstverlag
Kontaktdaten siehe www.ragid.de
2. Auflage

Inhaltsverzeichnis

Vorwort

Dieses Buch beinhaltet Kurzbiografien einiger der bedeutendsten Psychologen der Geschichte. Die Inhalte dieser Biografien entstammen diversen Webprojekten, welche abschließend als Quellenangaben genannt sind. Ziel ist es, den an Psychologie interessierten Leserinnen und Lesern einen kleinen Einblick in die Welt dieser Geisteswissenschaft, deren wichtigsten Vertretern und ihrem Leben und Wirken zu geben. Die von mir zusammengetragenen Biografien sind keineswegs abschließend. Natürlich gibt es darüber hinaus auch noch weitere bedeutende Psychologen, die in diesem Buch möglicherweise nicht genannt wurden.

Über den Autor

Ralph Gawlick wurde am 28.08.1970 in Ochtrup geboren. Der studierte Diplom-Verwaltungswirt FH (Fachbereich Polizeidienst) ist verheiratet und hat drei Kinder. Während seines Abiturs und seines Studiums belegte er Psychologie als schriftliches Prüfungsfach. Zudem absolvierte er eine Grundausbildung in Hypnose.

Kapitel 1: Sigmund Freud

Kindheit und Jugend

Sigmund Freud wurde am 6. Mai 1856 in Freiberg in Mähren geboren. Diese Stadt war damals noch Teil des Österreichischen Kaiserreichs. Freuds vollständiger Name lautete Sigismund Schlomo Freud. Er war jüdischer Abstammung und fühlte sich, trotz seiner negativen Einstellung aller Religionen gegenüber, dem Judentum zugehörig.

Sein Vater, Kallamon Jacob Freud, war bereits in seiner dritten Ehe, als Sigmund Freud geboren wurde. Freuds Mutter war Amalia Freud, geborene Nathansohn. Aus den vorherigen Ehen seines Vaters, hatte Freud zwei ältere Halbbrüder. Zudem hatte er noch sieben jüngere Geschwister, die aus der Ehe seiner Eltern stammten.

Freuds Vater war ein erfolgreicher Wollhändler. Jedoch hatte auch er unter der Wirtschaftskrise um 1857 zu leiden. Als er bankrott ging, beschloss Freuds Vater, mit seiner Familie zwei Jahre später nach Leipzig zu ziehen. Nur wenige Jahre später zogen sie schließlich nach Wien, wo Sigmund Freud das Leopoldstädter Communal-Realgymnasium besuchte. 1873 bestand Freud seine Reifeprüfung mit Auszeichnung.

Die Zeit seines Studiums

Anfangs wollte Freud Rechtswissenschaft studieren, entschloss sich aber schnell um und ließ sich 1873 an der Universität Wien einschreiben, um dort schließlich ein Medizinstudium zu beginnen. Freuds Forschungsarbeiten wurden seit 1874 von Carl Claus beobachtet. Er war Professor für Zoologie und verhalf Freud zu einem Stipendium.

Die erste Arbeit seiner Wissenschaft beinhaltete die Untersuchung von Aal-Hoden, die er Carl Claus vorlegen konnte. 1876 kehrte Freud nach Wien zurück und besuchte dort das Physiologische Institut.

Sein Studium wurde 1879 kurzzeitig von einem einjährigen Militärdienst unterbrochen. 1881 wurde Freud, dank seiner Doktorarbeit "Über das Rückenmark niederer Fischarten", über die wissenschaftlich diskutiert wurde, der akademische Grad des Doktors der Medizin verliehen.

Erste Krankenhaustätigkeit - Untersuchungen mit Cocain

1882 besuchte Freud für drei Jahre das Wiener Allgemeine Krankenhaus und arbeitete dort unter Theodor Meynert. Hauptsächlich befasste Freud sich im Laboratorium für Gehirnanatomie mit dem Nervensystem der Menschen. Zwischen 1884 und 1887 untersuchte Freud die Wechselwirkung zwischen der anregenden Substanz Cocain und dem lebenden Organismus. Damals war diese Droge noch sehr unbekannt. So benutzte ein deutscher Militärarzt

Cocain, um die Leistungsfähigkeit und die Ausdauer der Soldaten zu steigern.

1884 wurde Freuds Studie veröffentlicht und diente als Grundlage der lokalanästhetischen Wirkung am Auge. Ausgelöst wurde diese örtliche Schmerzausschaltung durch Cocain, die von dem Augenarzt Carl Koller nachgewiesen wurde.

Später unternahm Freud Versuche, seinen morphiumsüchtigen Kollegen Ernst von Fleischl mit Hilfe von Cocain von der schmerzhemmenden Droge zu lösen. Dieser Versuch schlug jedoch fehl, denn Ernst von Fleischl wurde somit kokainabhängig. Freud verschwieg diesen missglückten Versuch der Öffentlichkeit. In Briefen an seine damals Verlobte, Martha Bernays, gestand er jedoch diesen Fehler ein. Der Inhalt dieser Briefe wurde später von Freuds Freund Ernest Jones ausgewertet und veröffentlicht.

Die Wirkung des Cocains nutzte Freud selbst unter therapeutischer Einnahme über viele Jahre. Anders als in den meisten Fällen, blieb bei Freud die Toleranzentwicklung jedoch aus. Das bedeutete, dass es keine langfristige Gewöhnung an den Wirkstoff gab und der Körper sich nicht an den Zustand angepasst hatte. Eine regelmäßige Steigerung der Dosis war also nicht nötig. Freuds schriftlicher Austausch mit Wilhelm Fließ belegt, dass Fließ bis 1895 Freud Cocain verschrieb, um seine Nebenhöhlenentzündung zu behandeln.

Jean-Martin Charcot - Hysterie und Hypnose

Freud verschlug es während einer Studienreise nach Paris, wo er 1885 mitunter die psychiatrische Klinik am Hôpital de la Salpêtrière besuchte. Dort arbeitete der Professor für Pathologische Anatomie, Jean-Martin Charcot. Er diagnostizierte die Hysterie als wahre Krankheit und setzte unter anderem die Hypnose als Heilungsmittel bei psychischen Krankheiten ein. Charcot hatte Freud einige Anschauungsberichte dieser Thematik dargeboten - vor allem über Hypnose und Suggestion.

Zuvor hatte Freud auch den Arzt Josef Beuer kennen gelernt, bei dem Bertha Pappenheim in Behandlung war. Freud und Beuer entwickelten in gemeinsamer Arbeit die Sprechtherapie, die damals ein Vorreiter der Psychoanalyse war. Diese Arbeit und die Behandlung mit Bertha Pappenheim wurde später als der Fall „Anna O." bekannt.

Später war es Freud selbst, der die Hypnose einsetzte, um psychisch kranken Menschen zu helfen und sie zu heilen. Diese Behandlungsmethode legte Freud jedoch wieder schnell ab und entwickelte später die Theorie der bewussten und unbewussten Verknüpfung von Gedanken und die der Traumdeutung. Ziel war es, das seelische Gebilde des Menschen zu verstehen und zu behandeln, was schließlich zur Psychoanalyse ernannt wurde.

Das bekannteste Beispiel einer Fehlleistung dieses Gebildes ist der „Freudsche Versprecher". Bei diesem Phänomen handelt es sich um die sprachliche Fehlleistung bei dem der eigentliche Gedanke oder ein Motiv unbewusst und meist auch ungewollt ausgesprochen wird.

Privatdozentur in Wien

1885 schloss Freud seine Habilitation ab. Im September wurde er Privatdozent für Neuropathologie an der Universität Wien. Im darauffolgenden Jahr beschloss er, zusätzlich in Wien als Arzt zu arbeiten. Freud schaffte es, mithilfe von Max Kassowitz, der Vorstand für die Abteilung der Neurologie im Ersten öffentlichen Kinder-Krankeninstitut im 1. Wiener Gemeindebezirk zu werden.

Diese Abteilung leitete er ab 1886 zehn Jahre lang. Im selben Jahr hielt Freud einen Vortrag "Über männliche Hysterie" vor der "Gesellschaft der Ärzte". Der Vortrag stieß dort jedoch auf Ablehnung.

Dank Hippolyte Bernheim, den Freud 1889 in Nancy besuchte, kam er auf die Idee, dass der Mensch ein Unbewusstes haben müsse, wonach jeder zum größten Teil handeln würde. Bernheim unternahm Versuche der posthypnotischen Suggestion, die Freud auf diese Idee brachten.

Die posthypnotische Suggestion wird auch posthypnotischer Auftrag genannt. Hierbei wird die Hypnose eingesetzt, bei der dem Probanden eine Suggestion, also eine manipulative Beeinflussung seiner Vorstellung oder Empfindung, aufgetragen wird, die aber erst nach Beendigung der Hypnose in Kraft tritt. Diese Suggestion ist für den Probanden jedoch nicht sofort wahrnehmbar und wird auch nicht bewusst aufgenommen.

Famile, Frau und Kinder

Freud war vier Jahre lang mit Martha Bernays verlobt, bevor er diese am 13. September 116 heiratete. Martha Bernays war die Tochter einer angesehenen Rabbiner- und Gelehrtenfamilie. Nur einen Tag später fand eine weitere Trauung nach jüdischem Ritual statt. Beide Hochzeiten wurden in Hamburg vollzogen. Freud wurde danach Onkel von Edward Bernays, der später als "Vater der Public Relations" bekannt wurde.

Zusammen mit Martha Bernays hatte Freud sechs Kinder. Die erstgeborene Tochter bekam den Namen Mathilda, sie lebte von 1887 bis 1978. Sophie lebte zwischen 1893 und 1920, die dritte Tochter Anna zwischen 1895 und 1982.

Seine Söhne erhielten alle Vornamen von bedeutenden Männern. Martin, der zwischen 1889 und 1967 lebte, erhielt seinen Namen nach Jean-Martin Charcot, der durch seine Hysterieuntersuchungen bekannt wurde. Oliver lebte von 1891 bis 1969 und wurde nach Oliver Cromwell benannt, der England für die Juden eröffnete. Der zuletzt geborene Sohn war Ernst, der von 1893 bis 1970 lebte. Er wurde nach dem Physiologen Ernst Wilhelm von Brücke benannt. Ernst wurde Vater des berühmten Porträtmalers Lucian Freud, der 1922 geboren wurde und 2011 verstarb.

Die Entstehung der Psychoanalyse

In Zusammenarbeit mit Josef Breuer, erwähnte Sigmund Freud 1896 das erste Mal die Psychoanalyse. Grund dafür war die Behandlung von Bertha

Pappenheim, die später als "der Fall Anna O." bekannt wurde. Das Wort "Psychoanalyse" entstand durch die Idee von Josef Breuer, da sein Vorgehen das des Königs Ödipus in Sophokles Theaterstück "Ödipus" ähnelte. Schiller hatte 1797 einen Brief an Goethe geschrieben, worin stand, dass die Zusammenhänge aus der Nachbetrachtung aufgelöst werden; dies bezeichnete er als "tragische Analysis". Durch diese Ähnlichkeiten, schlug Breuer in einem Brief Freud also vor, diese weiterentwickelte Methode als "Psychoanalyse" zu betiteln.

Freud nannte seine Vorgehensweise bis 1897 mehrmals Psychoanalyse, vergaß dabei aber nicht die Behandlungsmethoden von Josef Breuer. Freud ließ seine Patienten Erfahrungen mit Gewalt erforschen und benennen. Zu dieser Zeit war Freud jedoch zu sehr auf nur eine Theorie versteift. Er war im Glauben, dass die Gewalt auf sexueller Natur beruht, wobei er die Vergewaltigung durch den Vater an dem zwei- bis achtjährigen Kind konkretisierte. Dies nannte Freud später die Verführungstheorie. Diesem Gedankengang wandte sich Freud jedoch im September 1897 ab und drehte seine Theorie in das genaue Gegenteil um. Nun stellte er die These auf, dass die psychischen und psychosomatischen Störungen des Kindes aus den eigenen, außer Kontrolle geratenen, triebhaften Wünschen gegenüber den Eltern heraus entstanden. Einen Monat später stellte Freud erstmals die Theorie vom "Ödipus-Komplex" auf. Er beharrte auf diesen Komplex, wobei der Sohn sich auch sexuell zur Mutter hingezogen fühlt und gleichzeitig ein Rivalitätsverhalten zum Vater aufbaut.

Am 1. April 1902 wurde Freud zum Titular-Professor ernannt. Dies geschah jedoch, weil der zuständige Minister Wilhelm von Hartel mit einem Kunstwerk der Baronin Marie von Ferstel bestochen wurde. Noch im selben Jahr gründete er die „Psychologische Mittwochs-Gesellschaft". Sechs Jahre später entstand daraus die Wiener Psychoanalytische Vereinigung. In dieser Vereinigung versammelte man sich, um die neuen Methoden zu erlernen. Im selben Zeitraum rief Freud einen ersten psychoanalytischen Kongress in Salzburg zusammen. Dort kam es zu einem aufsehenerregenden Vorfall. Der Psychiater Otto Gross, der sich öffentlich für Freuds Ansichten eingesetzt hatte, stellte gesellschaftspolitische Schlussfolgerungen auf. Freud widersprach ihm, dass diese Entscheidung nicht bei Ärzten stünde, und ließ Gross aus der Vereinigung werfen. In den kommenden Jahren gründete Freud mehrere psychoanalytische Vereinigungen.
1913 äußerte Freud sich in der Schrift "Totem und Tabu" zum Inzestverbot und setzte sich mit dem Thema auseinander. Vier Jahre später gab Freud in der Vorlesungen zur Einführung in die Psychoanalyse seine Entdeckung von der Macht des Unbewussten preis. Hierbei stellte er seine Theorien, mit denen von Nicolaus Kopernicus und Charles Darwin gleich und bezeichnete alle drei Theorien als "Kränkungen der Menschheit". 1920 wurde Freud schließlich zum ordentlichen Professor ernannt.

Der Religionskritiker - Sein Verhältnis zu Religionen

Freuds kritische Meinung gegenüber Religionen wirkt widersprüchlich zu seiner jüdischen Abstammung. Seine atheistische Seite legte er jedoch kurz vor der Wende zum 20. Jahrhundert ab, da der Antisemitismus weit verbreitet und verstärkt wurde. Dies hatte zu Folge, dass Freud der Mitgliedschaft der jüdischen B'nai-B'rith-Loge in Wien beitrat. Als der Zionismus in Palästina ausbrach, befürwortete Freud diese Aktionen, ohne sich selber als Zionist zu bezeichnen. In einem Brief an Enrico Morselli schrieb Freud im Februar 1926, dass, obwohl er der Religion seiner Voreltern längst entfremde, er das Gefühl für die Zusammengehörigkeit mit seinem Volk nie aufgegeben habe.

In seinen wissenschaftlichen Untersuchungen hat seine religiöse Einstellung nie eine Rolle gespielt. Freuds Gegner behaupteten später jedoch das Gegenteil.

Freud selbst bezeichnete sich immer als Feind der Religion. Seine Meinung und Lebensweise erhielt er teilweise durch verschiedene Schriften und Grundlagen von Ludwig Feuerbach, Friedrich Nietzsche und Arthur Schopenhauer. Seine und die allgemeine eher negative Einstellung von Philosophen Religionen gegenüber erklärt Freud damit, dass er während seiner medizinischen und naturwissenschaftlichen Laufbahn in der Psychoanalyse Erkenntnisse gewonnen hat, die dies bekräftigen. Er hat zudem die Religion mit einer Kindheitsneurose verglichen.

Diese Behauptung bekräftigte er mit den Argumenten der Anthropologie, Ontogenese und Phylogenese. Die Anthropologie bezeichne die Religion als Abwehrverhalten gegen die menschliche Unterlegenheit. Der Mensch habe begonnen, die Naturkräfte mit der Personifizierung höherer Gewalten zu erklären. Diese höhere Gewalt habe eine schützende Macht, mit der sie die Menschen, wegen ihrer Hilflosigkeit, beschützen könne. Dies ist mit der schützenden Funktion der Eltern, die ein Kind schon im frühesten Alter erfährt, zu vergleichen. In diesem frühen Kindesalter lässt Freud auch die Argumente der Ontogenese mit einfließen. Das Verhalten, bei dem gegensätzliche Gefühle für den Vater aufkommen, führe das Kind im Erwachsenenstadium fort und übertrage sie im Glauben. Der erwachsene Mensch erkenne, dass er sich nicht gegen fremde und höhere Mächte wehren kann und sich daher schützend in den Gottesglauben flüchte. Er fürchte diese Götter, aber suche bei ihnen auch den nötigen Schutz.

Die Phylogenese erklärt Freud mit dem Motiv der Vatersehnsucht, angelehnt an Charles Darwins Ansichten. So wird der Vater, der als absolutes Oberhaupt angesehen wird, von den Söhnen gehasst aber auch verehrt. Da der Vater auch Anspruch auf alle Frauen hatte, entstand bei den Söhnen eine große Eifersucht und sie beschlossen, den Vater umzubringen. Durch die vorherigen Motive, sei ein Nachfolger nicht möglich. Man lebe nun in einer Gesellschaft, die ähnliche Taten, die denen des Vaters ähnelten, ausschließe. Der Besitz der Frauen wurde aufgehoben und man heiratete nun nur noch welche aus fremden Stämmen. Die anschließenden Mahlzeiten sollen an den Mord des Vaters erinnern. So erklärt Freud das Schuldbewusstsein aller Menschen. Dies sei der Beginn aller Religion und Kulturen.

Wenige Tage vor seinem Tod, verfasste Freud sein letztes Buch, welches die Studie über den Gründer der Religion Moses beinhaltet.

Zusammenarbeit mit Jung

Sigmund Freud setzte sich 1906 mit seinem Fachkollegen Carl Gustav Jung in Verbindung. Jung war ein Psychiater aus der Schweiz, der als Begründer der analytischen Psychologie gilt.

In einem Gespräch, welches 13 Stunden und ohne Pausen ein Jahr später stattfand, machte Freud klar, dass er Jung als seinen Nachfolger sieht. Ein Grund dafür war das Weitertragen von Freuds stark kritisierten Lehren. Ihm war wichtig, dass sein Wissen und seine Methoden nicht als jüdische Sache dargestellt werden.

1909 besuchten Freud und Jung zusammen mit Ferenczi die USA, um dort einige Interessenten an seiner Lehre zu besuchen. Nur ein Jahr später wird Jung der Präsident der Internationalen Psychoanalytischen Vereinigung. Nachdem 1911 Alfred Adler und Freud schon getrennte Wege gingen, beschloss 1914 auch Jung sich von Freud abzukapseln. Seine Meinung über diese Trennungen schrieb Freud in der Schrift "Geschichte der psychoanalytischen Bewegung". Grund dieser Trennung waren die unvereinbaren Theorien von Freud und Jung, weshalb Jung sich mehr und mehr nur noch seinen Arbeiten widmete.

Freud und der Nationalsozialismus - Verfolgung und Emigration

Als der Nationalsozialismus sich immer weiter ausbreitete und am Mai 1933 die Bücherverbrennungen stattfanden, wurden auch die Bücher von Freud verbrannt. Im weiteren Jahr begann in Österreich der Klerikalfaschismus. Die Gefahr, die von ihm ausging, ignorierte Freud jedoch. Er war der Meinung, der Katholizismus in Österreich sei der beste Schutz gegen die Nazis. Freud ging sogar so weit und schloss Einigungen mit den Nationalsozialisten, um seine Psychoanalyse in Deutschland fortsetzen zu können. 1934 ließ Freud den Kommunisten Wilhelm Reich aus der Internationalen Psychoanalytischen Vereinigung ausschließen. Reich war zuvor ein geschätzter Schüler Freuds, der aber 1930 in die KPD eingetreten war und sich gegen den Nationalsozialismus auflehnte.

Als Anna Freud 1938 von der Gestapo verhört wurde, jedoch wieder freigelassen wurde, beschloss Freud das Land zu verlassen. Einige Anhänger von Freud übten diplomatischen Druck auf Großbritannien und die Vereinigten Staaten aus. Mithilfe dieser Tat, konnte Freud mit seiner Familie nach der Zahlung der Reichsfluchtsteuer das Land verlassen. Vorher musste er jedoch bestätigen, dass er bis zu diesem Zeitpunkt gut behandelt worden war und er die Gestapo jedem empfehlen könnte. Am 4. Juni 1938 zog Freud nach London. Nachdem Freud vergeblich versucht hatte, vier seiner Schwestern ebenfalls zur Flucht zu verhelfen, wurden diese 1942 in Konzentrationslagern ermordet.

Nach der Ausweisung des Landes beging Freud später Selbstmord. Er bat seinen Arzt um Sterbehilfe. Freud hatte Gaumenkrebs und war schon stark geschwächt. Trotz mehrerer Eingriffe verschlimmerte sich seine Krankheit stetig. Am 23. September 1939 starb Freud an einer tödlichen Dosis Morphin, die ihm sein Arzt verabreichte. Er wurde zusammen mit seiner Frau und seiner Tochter Anna im Kolumbarium des Golders Green Crematorium im Nordwesten von London beigesetzt.

Das 3-Instanzenmodell - Ich, Es und Über-Ich

Freud entwickelte ein dreiteiliges Modell der Psyche, welches er an seinen Patienten analysierte und entwickelte. Dieses Modell erklärte Freud so, dass die Psyche des Menschen aus drei Teilen bestehe - dem Es, dem Ich und dem Über-ich. Dazu stellte er die These auf, dass sich etwa 90% der Entscheidungen eines Menschen aus dem Unbewussten heraus entwickeln.
Im ersten Teil seines Modells, unterscheidet er zwischen dem Bewussten und dem Unbewussten, wobei das Unbewusste die Überhand hat und das Bewusste beeinflusst. Im zweiten Teil erwähnt Freud das bereits genannte Es, Ich und Über-Ich. Das Es übernimmt die Rolle des Unbewussten. Hierbei stellt das Es einen triebhaften Zweig der Psyche dar, der keine Zeit, keinen Widerspruch und keine Ablehnung kennt. Die Bedürfnisse und Gemütsbewegungen wie Hass oder Neid, werden durch die Triebe, wie Hunger, ausgelöst. Diese Triebe, Bedürfnisse und

Gemütszustände nimmt ein Mensch unbewusst wahr, und richtet sein Handeln zum größten Teil danach. Das Ich beinhaltet die strukturelle Einheit des vernünftigen und selbstkritischen Denkens. Auch äußerliche Einflüsse, wie Normen und Wertvorstellungen haben Auswirkungen auf die Vermittlung zwischen dem Es und dem Über-Ich. Zudem haben sie auch Auswirkungen auf das soziale Umfeld und die Welt. Ziel ist es, die entstandenen Konflikte zu lösen und verschwinden zu lassen. Somit hat das Ich also die Aufgabe, die Wünsche zwischen dem Es und dem Über-Ich zu vermitteln. Das Ich sucht nach Lösungen und wird bewusst wahrgenommen.

Aus dem Über-Ich entstehen Verhaltensweisen, Ideale und erlernte Einstellungen der Welt gegenüber. Hierbei werden das Gewissen und Werte gebildet. Auch die Ansichten von Gut und Böse, Verbote und Gebote entstehen aus der Entwicklungszeit. Das Über-Ich ist das passende Gegenstück zum Es, wobei aber das Ich und das Über-Ich aus dem Es heraus entstehen. Erwartungen und Vorstellungen, die verdrängt werden und hauptsächlich aus dem Es entstehen, erhält das Über-Ich. Daraus entsteht ein Teil, welcher zu dem Ich gehört und die Gedanken, Gefühle und Ausführungen der Handlungen beurteilt. Freud behauptete, das Über-Ich entstehe nach der Auflösung des Ödipus-Komplexes, welcher ein Mensch etwa im 5. Lebensjahr bekomme. Ebenso behauptete er, dass die Motivation bei einem Menschen aus dem Aneinandergeraten der Triebe, des Es und der strengen Bewertung des Über-Ich entstehe. Daher liege auch manches gesellschaftliche Verhalten an diesen Trieben.

Freuds Traumdeutung - Der Traum ist ein Wunscherfüller

Prophetische Visionen und die Verarbeitung von Tageserlebnissen scheinen nach Freuds Traumdeutung nicht der Sinn und die Ursache von Träumen zu sein. Dafür sollen Erfahrungen, welche man in der Kindheit gesammelt hat, in einer Botschaft im Traum wiedergegeben werden. Ein Teil der Tiefenpsychologie besteht darin, dass ein unbewusster seelischer Vorgang eines Menschen analysiert wird. Voraussetzung einer grundlegenden Therapie ist die psychische Diagnose, die mitunter die Selbsterkenntnis während eines Traumes und dessen Entschlüsselung beinhaltet.

Freud zog den Schluss, dass bestimmte Inhalte der Psyche das Bewusstsein nicht erreichen, sondern aktiv geblockt werden. Diesen Mechanismus der Verdrängung bezeichnete Freud als "Zensur". Der Ablauf während einer Traumgestaltung wird als Primärprozess, welcher sich im Unbewussten abspielt, bezeichnet. Im Schlaf wird das kognitive Verhalten gehemmt. Der Traum ermöglicht die Wahrnehmung unbewusster Erlebnisse, welche durch die kognitiven Prozesse im Wachzustand verhindert werden. So werden, durch das alltägliche Bewusstsein, verdrängte Erinnerungen wieder geweckt und schlussendlich bewusst wahrgenommen.

Inhalte des Unterbewusstseins entstehen durch Grundbedürfnisse, beispielsweise Lust oder Hunger. Diese vermischen sich mit den Erlebnissen vorheriger Tage und Eindrücken des Langzeitgedächtnisses zu Szenarien, welche dann einen Traum bilden. In diesen werden die Naturgesetze, wie Zeit und Gravitation, außer Kraft gesetzt. Deswegen ist es meist nur mit der Analyse möglich, Träume zu deuten. Denn die kognitiven Prozesse werden zwar eingeschränkt, jedoch nicht vollkommen aufgehoben. Freud stellte die Theorie auf, dass die tiefliegendsten Inhalte der Träume durch den Teil des Bewusstseins verursacht werden, welche zum Es gehören.

Dies in Zusammenfassung mit der sozialen Natur und Neugierde, bildet den Antrieb der psychischen Energie, welche Freud als Libido bezeichnete. Aus ihr entstamme der biologische Kreislauf und das zusätzliche Strukturmodell der Psyche, das Freud als das Es, das Ich und das Über-Ich erklärt. Ist die Psyche unbeeinflusst und gesund, harmonisieren alle drei Instanzen dieses Strukturmodells. Die Harmonie wird jedoch von moralische Wertvorstellungen gestört. Das Es schafft es dann nicht mehr, dem Ich seine Wünsche zu übermitteln. So versucht das Es im Traum dem Ich diese Wünsche mitzuteilen. Daraus entstehen verschlüsselte Botschaften, oder auch latente Trauminhalte, welche erst gedeutet werden müssen. Diese nennt Freud "Traumgedanken".

Neben den latenten Trauminhalten, gibt es noch den manifesten Traum. Dieser ist das, was dem träumenden Menschen noch in Erinnerung bleibt, nachdem er aufgewacht ist. Hierbei bleiben fetzenartige symbolische Inhalte übrig, die der Träumende nicht immer deuten kann. Der manifeste Traum ist die Grundvoraussetzung, um durch Psychoanalytik an die latenten Trauminhalte zu gelangen. Durch die Analyse von den manifesten Trauminhalten bis hin zu den latenten Trauminhalten lassen sich die Träume schlussendlich deuten.

Der Fall Anna O.

Der richtige Name von Anna O. lautete Bertha Pappenheim. Sie war Patientin von Josef Breuer, welcher zusammen mit Sigmund Freud die Fallgeschichte der Anna O. in den "Studien über Hysterie" herausbrachte. Der Fall der Anna O. sei der erste gewesen, bei dem man die Hysterie klar erkennen und behandeln konnte. Dadurch dass Bertha Pappenheim selbst sagte, ihre Seele würde durch das Aussprechen entlastet werden, was dazu führte, dass aus dieser Aussage später die Katharsis-Theorie folgte, bezeichnete Freud sie als eigentliche Begründerin der Psychoanalyse. Ihre Fallgeschichte sorgte später dafür, dass zum ersten Mal das Verarbeiten von traumatischen Erinnerungen des Hysteriepatienten durch Erzählen erwähnt wurde. Als Breuer begonnen hatte, Bertha Pappenheim zu behandeln, verwendete er keine festgelegten Methoden. Regte Bertha Pappenheim sich auf, benutzte Breuer Chloralgaben zur Beruhigung. Außerdem fütterte er sie, sobald die Patientin das Essen verweigerte.

Breuer beobachtete beispielsweise die verschiedenen Zustände ihres Bewusstseins. So reagierte sie abwechselnd mal klar, aber ängstlich, mal halluzinierte Bertha Pappenheim und zeigte ein aggressives Verhalten. Breuer stellte fest, dass sich Bertha Pappenheims Persönlichkeit in zwei Spalten aufgeteilt hatte. Eine Persönlichkeit war völlig klar bei Verstand und psychisch normal. Die andere bezeichnete Breuer als geisteskrank. Heutzutage spricht man bei diesem Verhalten von einer multiplen Persönlichkeitsstörung.

Breuer bemerkte während seiner Beobachtungen, dass sich unter anderem die Sprachstörung, welche Bertha Pappenheim wegen ihrer Krankheit erlitt, verbesserte. Dies geschah, sobald Bertha Pappenheim Geschichten aus ihren Wachträumen erzählte. Während dieser Wachträume war Bertha Pappenheim ansprechbar, jedoch erlebte sie ihre eigenen Geschichten in ihrem Geist. Breuer motivierte sie stets, ihre Wachträume zu erzählen. Bertha Pappenheim merkte bald selbst, dass sie eine Erleichterung spürte, sobald sie ihre Wachträume äußerte und schilderte. Mit der Zeit veränderten sich die Inhalte ihrer Aussagen. Breuer verwendete dieses systematische Erinnern und Erzählen als therapeutische Methode. Er bemerkte mit der Zeit, dass ein Symptom bei Bertha Pappenheim nachließ, sobald sie von dem erstmaligen Auftreten oder von dem auslösenden Anlass erzählte. Nachdem Breuer dies erkannte, ging er folgendermaßen vor:
Bertha Pappenheim wurde am Morgen unter Hypnose gefragt, bei welchen Umständen und Anlässen ein bestimmtes Symptom auftrete. Am selben Abend berichtete Bertha Pappenheim in umgekehrter zeitlicher Reihenfolge von diesen Umständen. War Bertha Pappenheim am Anfang angekommen, so trat das Symptom noch einmal verstärkt auf, bevor es schließlich komplett und langfristig verschwand.
Der Abschluss der Therapie bestand darin, eine Halluzination von schwarzen Schlangen aufzuarbeiten, die Bertha Pappenheim in einer Nacht bei ihrem kranken Vater erlebte. Nach dieser Verarbeitung erklärte Breuer sie für geheilt, da ihre Hysterie schnell abnahm und auch die Sprachstörungen ein Ende fanden. Ob und wie lang die Heilung anhielt ist nicht

bekannt. Es gibt jedoch viele Kritiker und Aussagen, die diese Behandlungsmethode in Frage stellten. Bertha Pappenheim äußerte sich zu ihrem Gesundheitszustand nach der Therapie nie.

Kapitel 2: Alfred Adler

Kindheit, Jugend und Schulzeit

Alfred Adler wurde am 07.02.1870 in Rudolfsheim in der Nähe von Wien als Sohn einer jüdischen Familie geboren. Er selber entschied sich später als erwachsener Mensch im Jahre 1904 dazu, Protestant zu werden. Die Familie der Adlers bestand aus insgesamt sieben Kindern. Er war in der Rangfolge der Zweitgeborene.

Sein Vater Leopold Adler stammte aus dem damaligen Ungarn, seine Mutter war Pauline Adler, geb. Beer). Sein älterer Bruder Sigmund war dem jungen Alfred stets ein Vorbild. Innerhalb der Familie galt er beim Vater als Lieblingskind.

Schon in der Kindheit war er von Krankheiten betroffen. Er litt von Geburt an an einer Organminderwertigkeit genannt Rachitis sowie einer Krankheit namens Stimmritzenkrampf, wobei beim Weinen extreme Atemnot entsteht. Mit vier Jahren entging er aufgrund einer Lungenentzündung nur knapp dem Tod.

Er besuchte zunächst das Leopoldstädter Realgymnasium und im Anschluss darauf das Sperlgymnasium. Auf dem Hernalser Gymnasium machte er im Jahre 1888 schließlich das Abitur.

Studium

Nach seinem Abitur studierte Alfred Adler an der Universität von Wien Medizin. Dieses Studium schloss er 1895 erfolgreich ab. Zwischenzeitlich leistete er im Jahre 1892 freiwillig ein halbes Jahr lang Militärdienst beim ungarischen Heer.

In seiner Studienzeit lernte er auch seine künftige Frau Raissa Timofejewna Epstein (eine Russin), ebenfalls eine Studentin, kennen.

Ab 1995 nach seiner Promotion zum Dr. med. machte er eine Weiterbildung zum Augenarzt, Internisten und Neurologen. 1996 leistete er sein zweites freiwilliges Militärhalbjahr und war dort als Militärarzt tätig.

Beruflicher Werdegang

Nach seinem Medizinstudium arbeitete Alfred Adler zunächst in Wien als Augenarzt. Kurz darauf eröffnete er eine eigene Praxis für Allgemeinmedizin in einem eher ärmlichen Wiener Stadtteil. Im Jahre 1902 traf er auf seinen Weggefährten, den heute sehr bedeutenden Psychologen Sigmund Freud. Er war stets Gast bei Freuds Mittwochabendgesellschaft, wo man unter Fachmännern über die Psychologie diskutierte. Dort wurde ihm auch die Psychoanalyse nähergebracht und von dieser auch beeinflusst. Dennoch sollte er später noch einen eigenen Ansatz bei der Theorie seines Menschenbildes entwickeln, welcher in einem entscheidenden Punkt von der Meinung Freuds abwich. Adler sah im Gegensatz zu seinem Weggefährten den Menschen als freies Wesen, welches nicht triebgesteuert sei. Mit dem Artikel "Zur Kritik der Freudschen Sexualtheorie des Seelenlebens" griff er seinen Weggefährten sogar öffentlich an. Aufgrund dieser absolut gegensätzlichen Ansichten kam es zwischen Adler und Freud im Jahre 1911 zum Bruch und ihre Wege trennten sich.

Im Jahr 1907 begründete er mit seinem Werk "Studie über Minderwertigkeit von Organen" die Individualpsychologie. In diesem Buch sprach er einen bestehenden Zusammenhang von Organminderwertigkeit und die daraus entstehenden körperlichen und psychischen Kompensationen und Überkompensationen an. Er gründete schließlich den Verein für Individualpsychologie. Er wählte damals die Begrifflichkeit Individualpsychologie aus dem Grund, weil er jeden einzelnen Menschen als "Unwiederholbar-Einmaliges" sah. Im Jahre 1912 veröffentlichte er sein wohl bedeutendstes Buch "Über den nervösen Charakter". Damit schaffte er den Durchbruch und seine Individualpsychologie erhielt ähnliche Anerkennung wie die Psychoanalyse Freuds. 1913 veröffentlichte er ein weiteres Werk unter dem Titel "Heilen und Bilden", wo er den Einfluss der Individualpsychologie auf die Pädagogik beschrieb. 1914 gründete er die "Internationalen Zeitschrift für Individualpsychologie". Aufgrund des Ersten Weltkrieges arbeitet er schließlich von 1914 bis 1918 als Militärarzt in Krakau, Brünn und Wien.

Ab dem Jahre 1920 war Alfred Adler als Direktor der ersten Kinderpsychologieklinik in Wien tätig. Es erfolgte die Eröffnung von mehr als 30

Erziehungsberatungsstellen in ganz Wien. Man kann sagen, seine Lehren fanden in dieser Zeit allerhöchste Anerkennung. Zeitgleich nahm er eine Lehrtätigkeit am Pädagogium von Wien auf. Noch im Selben Jahr veröffentlichte er ein weiteres Buch unter dem Titel "Praxis und Theorie der Individualpsychologie".

Ab dem Jahre 1926 dehnte er seine Kontakte auch in Richtung USA aus. Dort erhielt er mit seinen Theorien schnell große Anerkennung. Dort erhielt er sofort eine Gastprofessur an der Columbia University , später im Jahre 1932 auch am Long Island College.

Es erfolgten in den Jahren 1929 und 1930 die Veröffentlichungen von zwei weiteren Fachbüchern mit den Titeln "Individualpsychologie in der Schule" und "Die Seele des schwererziehbaren Kindes".

1932 wird er Ehrenbürger der Stadt Wien. Im Jahre 1933 widmete er sich mit seinem Werk "Der Sinn des Lebens " nun auch der Philosophie.

1934 musste er aufgrund des aufkommenden Nationalsozialismus wie viele andere Wissenschaftler in die USA emigrieren. 1935 erschien das erste in englisch erfasste Werk "International Journal of Individual Psychology". Den Ausbruch des Zweiten Weltkrieges erlebte Alfred Adler schließlich nicht mehr, da er am 28.05.1937 im schottischen Aberdeen im Rahmen einer Vortragsreise an den Folgen eines Herzinfarktes starb.

Familie, Frau und Kinder

Alfred Adler heiratete im Jahre 1897 Raissa Timofejewna Epstein, eine Russin, die er während seiner Studienzeit an der Universät in Wien kennenlernte. Die Hochzeit der beiden fand in Moskau statt.

Gemeinsam hatten die beiden insgesamt vier Kinder mit den Namen Valentina (geb 1898), Alexandra (geb. 1901), Kurt und Cornelia.

Persönlichkeitstheorie: Minderwertigkeit und Kompensation

Im Gegensatz zu Sigmund Freud sah Adler den Menschen nicht als triebgesteuertes, sondern freies Wesen. Für ihn bildeten die körperlichen und seelischen Vorgänge eine unteilbare Einheit, die immer gemeinsam wirkten.

Adler fand schließlich bei seinen Untersuchungen heraus, dass Organminderwertigkeiten eines Menschen dazu führten, dass dieser diese körperlich und psychisch zu kompensieren versuchte. Den Zustand der Minderwertigkeit oder Unterlegenheit sah Alfred Adler im psychischen Bereich hauptsächlich in den Lebensbereichen Arbeit, Liebe und Gemeinschaft. Er nahm in diesem Zusammenhang erstmals das Wort Minderwertigkeitsgefühl in den Mund. Der Mensch sei nach seiner Ansicht nun bestrebt, dieses Minderwertigkeitsgefühl durch ein Geltungsstreben zu überwinden. Wie gut der einzelne Mensch nun mit seinen eigenen Minderwertigkeitsgefühlen umgehen kann, hängt nach seiner Theorie von den Erfahrungen im Umgang in solchen Situationen schon im frühkindlichen Säuglingsstadium ab. Der Mensch sei schon von diesem Moment an auf seine Bezugsperson angewiesen, die letztendlich den Wachstums- und Entwicklungsprozess des Menschen entscheidend erzieherisch beeinflusst. Durch die gegenseitige Beziehung zwischen Mutter und Kind entsteht schlikeßlich das Gemeinschaftsgefühl, welches unbewusst auf die Persönlichkeit wirkt. Dieses Gemeinschaftsgefühl war für Adler das zentrale Element seiner Persönlichkeitstheorie. Im Gegensatz zu Freud sah er daher den Menschen als ein Individuum mit einer Sozialnatur und nicht als grundsätzlich böses triebgesteuertes Wesen, welches lernen müsse, sein eigenes Böses zu kontrollieren.

Abweichendes oder krankhaftes psychisches Verhalten erklärte Adler mit dem Entstehen von Minderwertigkeitskomplexen durch verstärkt erlebte Minderwertigkeitsgefühle und daraus resultierender Überkompensation. Das eigentlich für den Menschen normale Geltungsstreben wird deutlich überhöht, was bis hin zur Machtbesessenheit führen kann. In einer Psychose sah er seiner Meinung nach nur eine deutliche Verstärkung einer Neurose. Somit seien beide Krankheitsform psychologisch analysierbar.

Kapitel 3: Carl Gustav Jung

Kindheit und Jugend

Carl Gustav Jung Foto Carl Gustav Jung wurde am 26. Juli 1875 in Kesswil/Schweiz geboren. Seit Vater war der reformierte Pfarrer Johann Jung (lebte von 1842 bis 1896). Die Mutter von Carl Gustav Jung war Emilie Jung, geborene Preiswerk (1848 bis 1923). Diese galt als liebevoll, warmherzig, aber auch in ihrer Autorität unantastbar. Sie soll sich sehr für den Okkultismus interessiert haben. Die Ehe der Eltern galt nicht als sehr glücklich.

Die Vorfahren stammten aus Deutschland und waren zunächst in Mainz beheimatet. Dass man in die Schweiz emigrierte, erfolgte durch den Großvater, der lange Jahre als Medizinprofessor in Basel arbeitete.

Seine ersten Lebensjahre bewohnten die Jungs das Pfarrhaus der Gemeinde Laufen. Als Carl Gustav vier Jahre alt war, zog man nach Basel-Kleinhüningen. Etwa in diesem Alter musste er auch aufgrund einer Erkrankung seiner Mutter eine mehrmonatige Trennung hinnehmen, da diese sich in einem Krankenhaus aufhalten musste.

Innerhalb seiner Familie, war er für lange Jahre Einzelkind. Erst im Alter von 9 Jahren bekam er eine Schwester mit dem Namen Gertrud. Von Charakter her galt der Junge Carl Gustav als introvertiert. Zudem neigte er zu Tagträumereien und hatte eine sehr große Phantasie. Er dachte sehr viel über geisteswissenschaftliche Themen wie der Religion nach. Das Verhältnis zur wesentlich jüngeren Schwester war sehr herzlich und liebevoll. Beide achteten und respektierten sich gegenseitig.

Im Alter von sechs Jahren wurde Carl Gustav Jung in die Dorfschule in Klein-Hüningen eingeschult. Nebenbei unterrichtete in sein gebildeter Vater in der Fremdsprache Latein. Er hatte zwar Kontakt mit anderen Kindern, spielte auch mit diesen, war aber dennoch charakterlich eher ein Einzelgänger. Mit 12 Jahren bekam er häufiger Ohnmachtsanfälle und musste einige Zeit dem Schulunterricht fernbleiben. Diese Ohnmachtsanfälle, die offenbar infolge einer Neurose auftraten, legten sich aber schließlich wieder.

Hinsichtlich der religiösen Überzeugung entwickelte sich bei Carl Gustav Jung ein eigenes Weltbild, welches nicht dem des Vaters entsprach. Das führte im Jugendalter zu Konfliktdiskussionen zwischen den beiden. Letztendlich konnte man bezüglich dieses Themas keine gemeinsame Basis mehr finden, was zu einer Entfremdung mit dem Vater führte.

Studienzeit

Carl Gustav Jung Foto Ab dem Jahre 1895 studierte Carl Gustav Jung an der Universität von Basel Medizin. 1900 beendete er sein Studium erfolgreich.

Seine Promotion erfolgte im Jahre 1902 mit seiner Arbeit unter dem Titel "Zur Psychologie und Pathologie sogenannter okkulter Phänomene".

Familie, Frau und Kinder

Carl Gustav Jung Foto Carl Gustav Jung heiratete am 14. Februar 1903 Emma Rauschenbach (geb. am 30. März 1882 in Schaffhausen). Beide hatten zusammen insgesamt fünf Kinder.

Seine erste Tochter Agathe wurde ein Jahr nach der Eheschließung im Jahre 1904 geboren. Es folgte Tochter Gret im Jahre 1906. 1908 kam mit Franz der einzige Sohn von Carl Gustav Jung zur Welt.

1910 und 1914 folgten mit Marianne und Helene noch zwei weitere Töchter.

Jungs Frau Emma starb am 27. November 1955 in Zürich. Sie war ebenso wie er von Beruf Psychoanalytikerin.

Erwachsenenjahre

Carl Gustav Jung Foto Nach Beendigung seines Studiums spezialisierte sich Carl Gustav Jung auf den Bereich der Psychiatrie. Seine erste Anstellung nahm er als Assistent von Professor Eugen Bleuler in der psychiatrischen Klinik in Zürich an. Im Jahr 1903 wurde er an dieser Klinik zunächst Volontärarzt, ab 1905 dann schließlich Oberarzt, was er bis 1909 blieb. Nebenher arbeitete er in den Jahren 1905 bis 1913 auch als Privatdozent der Medizinischen Fakultät der Universität Zürich.

Etwa in dieser Zeit erfuhr er auch von den Theorien Sigmund Freuds und arbeitete mit diesem zeitweise zusammen. Sein wirklich gutes Wissen in den Fachbereichen der Biologie, Paläontologie, Zoologie und Archäologie half ihm bei seinen wissenschaftlichen Arbeiten sehr weiter.

Er widmete sich nun in Tests der Untersuchung von Probanden auf bestimmte Reizwörter, wobei er den Begriff der "Komplexe" international etablieren konnte.

Im Jahre 1910 wurde Carl Gustav Jung Präsident der "Internationalen Psychoanalytischen Vereinigung" in Nürnberg. Mit seinem Berufskollegen Sigmund Freud überwarf es sich allerdings. Ausschlaggebend war sein Werk "Wandlungen und Symbole der Libido" welches 1911 erschien. Da Freud mit seinen Thesen nicht übereinstimmte, beendeten beide ihre Zusammenarbeit. Vor allem in der Libido-Theorie wich er von Freud deutlich ab.

Erstmals benutzte er die Begrifflichkeit "Analytische Psychologie" während eines Vortrages vor der "Psycho-Medical-Society" in London im Jahre 1913, was sozusagen die Geburtsstunde der analytischen Schule der Psychologie als eigenen Bereich der Tiefenpsychologie war.

1914 gab er den Vorsitz in der Internationalen Psychoanalytischen Vereinigung ab, was auch an den Differenzen mit Freud lag. In den Kriegsjahren von 1917 und 1918 war Jung als Sanitätsarzt in einem britischen Internierungslager tätig. Am Ende des Ersten Weltkrieges wandte er sich Jung dem Gnostizismus, einer religiösen Lehre, zu. Dieser Themenbereich wurde für ihn in seinem weiteren Leben immer bedeutender. Er versuchte stets, seine psychologischen Ansichten mit der Religion in Einklang zu bringen.

Im Jahre 1921 veröffentlichte Carl Gustav Jung sein wohl bedeutendstes Werk mit dem Titel "Psychologische Typen". Thematisch befasste sich diese Arbeit mit Introversion und Extraversion beim Menschen sowie dem Verhältnis von Bewusstsein und Unbewusstem. Auch versuchte er in dieser Zeit, kulturelle Zusammenhänge bei menschlichem Verhalten zu erforschen. Er unternahm zwischen 1921 und 1926 diverse Studienreisen nach Nord- und Ost-Afrika, Nordamerika. Er beschäftigte sich u. a. mit den Mythologien der dortigen Ureinwohner.

1928 fertigte er "Die Beziehungen zwischen dem Ich und dem Unbewussten". Im Jahre 1932 erhielt er von der Stadt Zürich den Literaturpreis verliehen. Die "Wirklichkeit der Seele" war ein weiteres Werk von ihm, welches er im Jahre 1934 veröffentlichte. Zu dieser Zeit wurde er auch Präsident der "Internationalen Gesellschaft für ärztliche Psychotherapie".

In den Jahren von 1933 bis 1941 war Carl Gustav Jung Professor an der Eidgenössischen Technischen Hochschule Zürich. Da der Glaube für ihn immer ein Thema war, entstand sein Buch "Psychologie und Religion". In der Anfangszeit des Nationalsozialismus hatte es den Anschein, dass sich Jung von dieser Ideologie zu Propagandazwecken missbrauchen ließ. Einige aus heutiger Sicht unglückliche Äußerungen von ihm im Rundfunk ließen ihn als eine Art Unterstützer der Ideologien erscheinen. Während er von dem Hitlerregime anfangs sogar gelobt wurde, wurden die Werke seines Widersachers Freud schon öffentlich verbrannt. Ab dem Jahre 1936 erfolgte dann aber eine deutliche Abkehr vom Nationalsozialismus. So wurden seine Werke ab 1939 dann ebenfalls in Deutschland verboten. er selber nahm zu seinem Verhalten in den Anfangsjahren nie öffentlich Stellung, da ihm dieser Lebensabschnitt offenbar im Nachhinein peinlich war.

Im Jahre 1944 wechselte er an die Universität von Basel, wo er als Professor für Medizinische Psychologie tätig war. Nach dem Zweiten Weltkrieg wurde 1948 in Zürich das nach ihm benannte C.-G.-Jung-Institut gegründet.

Letzte Lebensjahre und Tod

Carl Gustav Jung Foto Als weitere Spätwerke von Carl Justav Jung erschienen in der Folgezeit "Antwort auf Hiob" (1952), "Mysterium Coniunctionis" (1955/1956) und "Erinnerungen, Träume, Gedanken" (1957). Letzteres war ein autobiografisches Werk, welches erst nach seinem Tode im Jahre 1962 erschien. Im Jahre 1957 wurde die "International Association for Analytical Psychology" gegründet.

In den letzten Lebensjahren widmete er sich hauptsächlich seinen Forschungen über seine Theorie des kollektiven Unbewussten sowie die Bedeutung der Religion für die Psyche.

1960 erhielt er die Ehrenbürgerschaft der Stadt Basel. Ein Jahr später starb Carl Gustav Jung nach kurzer Krankheit am 6. Juni 1961 in seinem Haus in Küsnacht.

Persönlichkeitstheorie

Carl Gustav Jung Foto In Carl Gustav Jungs Persönlichkeitstheorie spielt das Ich (auch als Ich-Bewusstsein bezeichnet) die zentrale Funktion im Bewusstseinsfeld des Menschen. Das Selbst ist das Zentrum der Persönlichkeit. Dieses Ich ist durch eine starke Identifikation mit sich selbst charakterisiert. Jung nennt in diesem Zusammenhang zudem die Begrifflichkeit "Ich-Komplex", da er annahm, dass das Ich aus einem Komplex von Vorstellungen und Identifikationen besteht. Eine bewusste Wahrnehmung von Dingen ist seiner Auffassung nach nur innerhalb dieses begrenzten Ich-Komplexes möglich.

Ausserhalb des Ich-Komplexes gibt es zudem noch andere Ich-nahe Komplexe, welche aber dem Bereich des Unbewusten angehören. Dieser Bereich des Unbewussten wird nach seiner Theorie durch zwei unterschiedliche Kanäle gebildet.

Zum einen gehören ihm Inhalte an, die einmal bewusst waren, aber irgendwann vergessen oder verdrängt wurden und damit im Nachhinein aus dem Ich ausgeschlossen wurden (z. B. ganz frühe Kindheitserinnerungen).

Der andere Bereich ist der, der stets unbewusst war, also niemals Teil des Ich-Bewusstseins war. Er spricht in diesem Zusammenhang von primär unbewussten Elementen.

Eine äußere Persönlichkeit ist demnach nach Jung "der repräsentative, nach aussen gerichtete Aspekt des Ich-Bewusstseins". Der Sinn und Zweck der Persönlichkeit ist die Anpassung an die Aussenwelt im Sinne eines regelkonformen, sozialverträglichen Verhaltens.

Doch es gibt daneben auch noch die dunkle Seite im Menschen, die so nach außen nicht sofort erkennbar wird, sein sogenannter Schatten. Dieser ist ein Teil des Ich-nahen persönlichen Unbewussten.

Darin findet man alles mit dem Ich unvereinbaren Aspekte des Menschen, wie seine Neigungen und Eigenschaften. Eine Wahrnehmung außerhalb des Ichs ist solange möglich, wie keine bewusste Auseinandersetzung des Schattens mit dem Ich stattfindet. Er erfolgen häufig Projektionen auf andere Personen (sogenanntes Schattenkonzept).

Jeder einzelne Mensch muss sich nun im Laufe seines Lebens mit seinem Schatten auseinandersetzen, ihn sozusagen in seinen Geist (beim Mann der Animus, bei der Frau die Anima) integrieren.

Im Gegensatz zu seinem langjährigen Weggefährten Freud spricht Jung zudem vom "kollektiven Unbewussten", wo sich Archetypen (universell vorhandene Urbilder in der Seele eines jeden Menschen) manifestieren.

Dem Selbst als dem Zentrum der Persönlichkeit obliegt es nun, gegenläufigen Teile der Persönlichkeit unter einen Hut zu bringen. Im Laufe des Lebens ist es also das Ziel eines jeden Menschen, einen möglichst großen Bereich des Unbewussten ins Bewusstsein zu lenken.

Psychologische Typen

Carl Gustav Jung Foto Carl Gustav Jung merkte bei seiner Arbeit mit Patienten schnell, dass die Verhaltensweisen von Menschen sehr unterschiedlich sein können. Deshalb versuchte er, diese in unterschiedliche psychologische Grundtypen einzuteilen.

Als erstes nahm er eine Aufteilung in introvertierte und extravertierte Personen vor. Unter introvertiert verstand er nach innen gekehrte Persönlichkeiten, deren subjetkive Welt mehr im Vordergrund steht. Bei einer extravertierten Persönlichkeit ist dies genau gegensätzlich. Sie ist nach außen gekehrt und ihr Verhalten auf die äussere, objektive Welt ausgerichtet.

Da ihm diese grobe Zweiteilung nicht ausreichte, nahm er dann noch eine weitere Unterscheidung von vier Unterbereichen dieser beiden Typen vor: Denken, Fühlen, Intuition und Empfinden.

Somit gab es für ihn insgesamt acht verschiedene Unterscheidungsmerkmale bei den psychologischen Typen:

- extravertiertes Denken
Personen mit hohem Rechtsbewusstsein, kompromisslos und konservative Tendenzen

- extravertiertes Fühlen
eher traditionelle Wertmassstäbe, am anfälligsten für Hysterie

- extravertiertes Empfinden
Realist und Genießer, skrupellose Moral, neigt bei Neurosen dazu, Zwangsphobien zu entwickeln

- extravertierte Intuition
Ein Entdecker, der sich auch aufopfert und wenig Rücksicht auf die Umwelt nimmt, bringt oft Dinge, die er angefangen hat, jedoch nicht zu Ende

- introvertiertes Denken
entwickelt eigene subjektive Ideen, die Umwelt ist für ihn überflüssig, was ihn kalt erscheinen lässt, Gefahr der Isolation

- introvertiertes Fühlen
schwer zugänglich, versteckt sich hinter einer Maske,
zeigt kaum äußere Emotionen

- introvertiertes Empfinden
ruhig und passiv mit starker Kreativität und
Phantasie, leichtgläubiger Typ

- introvertierte Intuition
mystische Träumer, Phantasten und Künstler

Kapitel 4: Heinz Kohut

Kindheit und Jugend

Heinz Kohut wurde am 3. Mai 1913 in Wien geboren. Er stammte aus einer bürgerlichen Familie. Sein Vater, ein Jude, der zunächst als Pianist arbeitete, wurde nach dem Ersten Weltkrieg ein wohlhabender Geschäftsmann. Seine Mutter, Katholikin, war Else Kohut, geborene Lampl. Er war das einzige Kind der Kohuts. Die Religion spielte in der Familie Kohut keine große Rolle.

Eine öffentliche Schule besuchte der junge Heinz zunächst nicht. Bis zum Alter von 10 Jahren wurde er von einem Privatlehrer zu Hause unterrichtet.

Anschließend ging der junge Heinz auf das humanistische Gymnasium von Döblingen. In seiner Kindheit las er u. a. die Werke "Der Zauberberg" von Thomas Mann und "Auf der Suche nach der verlorenen Zeit" von Marcel Proust.

Ausbildung

Heinz Kohut wechselte nach seiner erfolgreichen Beendigung des Gymnasiums an die Universität von Wien. Dort studierte er bis kurz vor Ausbruch des Zweiten Weltkrieges.

Im Jahre 1938 bestand er erfolgreich sein Medizinstudium. Probleme bereitete ihm in dieser Zeit seine jüdische Abstammung. Da Österreich sich dem Deutschen Reich anschloss.

So musste er das Land verlassen und emigrierte nach einem kurzen Aufenthalt in England schließlich in die USA, wo er 1940 ankam.

Erwachsenenalter

Seine erste Anstellung fand Heinz Kohut in seiner neuen Heimat, nachdem er die sprachlichen Barrieren überwunden hatte, als Neurologe. Ab dem Jahre 1948 unterzog sich Heinz Kohut einer Lehranalyse bei Franz Alexander. Bis zu seiner ersten eigenen psychoanalytische Arbeit sollte es aber noch etwas dauern. Erst im Jahre 1959 veröffentlichte er diese. Kohut hatte in späteren Jahren eine eigene Praxis.

In den Jahren von 1961 bis 1973 war er Organisator der amerikanischen Psychoanalytischen Gesellschaft. Zudem hatte er zeitweise das Amt des Vizepräsidenten der Internationalen Psychoanalytischen Vereinigung inne.

Im Jahre 1965 hielt er erstmalig einen Vortrag zum Thema Narzissmus und veröffentlichte im Jahre 1972 ein Werk über die narzisstische Wut. Jedoch fanden seine Theorien zu diesem Thema teilweise auch auf Ablehnung. So teilte das psychoanalytische Institut von Chicago seine Ansichten nicht.

Letzte Lebensjahre und Tod

In seinen letzten Lebensjahren verbrachte Heinz Kohut viel Zeit mit seiner Familie. Am 7. Oktober 1981 fiel er in ein Koma, aus dem er nicht mehr erwachte.

Heinz Kohut starb am Morgen des 8. Oktobers 1981 in Chicago.

Persönlichkeitstheorie

Heinz Kohut gilt als Begründer einer selbstpsychologischen Richtung der Psychoanalyse. Er beschäftigte sich in seiner Arbeit mit der Behandlung narzisstischer Störungen. Unter Narzissmus versteht man das positive Bild, welches ein Individuum von sich selbst hat, also eine Form der Selbstverliebtheit im weitesten Sinne. Eine narzistisstische Störung ist demnach eine Störung dieses Selbstbildes. Die Gründe für eine narzisstische Störung sieht Kohut in einer traumatischen Enttäuschung durch die Mutter, also wie alle Psychoanalytiker in der frühkindlichen Entwicklung.

"Der narzisstisch gestörte Mensch ist nicht in der Lage, seine „Selbstachtung zu regulieren und auf einem normalen Niveau zu halten", schrieb Kohut in einem seiner Bücher.

Nach seiner Theorie gibt es zum einen den gesunden Narzissmus, welcher ein Ausdruck eines starken und lebensfähigen Selbst ist. Dieses Selbst strebt danach, seine Bedürfnisse zu befriedigen und seine eigenen Fähigkeiten zu erweitern.

Auf der anderen Seite spricht Kohut von einem pathologischen Narzissmus, welcher durch ein schwaches Selbst geprägt ist. Dieses schwache Selbst kann nur durch das Vortäuschen der eigenen Großartigkeit in ein Gleichgewicht gebracht werden. Wenn dieses misslingt, ist nach der Theorie Kohuts eine Depressionserkrankung die Folge.

Man kann die Kohut'sche Theorie von Narzissmus und Selbst als eine wichtige Erweiterung der Triebtheorie Freuds und dessen Instanzenmodell mit Ich, Es und Über-Ich betrachten.

Nach Kohut sind im Gegensatz zu Freud die Abnormitäten der Triebe und des Ichs die symptomatischen Konsequenzen dieses zentralen Defekts im Selbst, wie er in einem seiner Werke selber schrieb. In seinem späteren Leben sprach Kohut begrifflich vom "schuldigen Menschen" und vom "tragischen Menschen".

Bei dem schuldigen Menschen richten sich nach Kohut die Ziele auf die Triebbefriedigung aus, was zu Über-Ich Konflikten führt. Der tragische Mensch will sein Leben durch Taten ausdrücken, wobei Niederlagen häufiger als Erfolge sind, was dann wiederum tragisch ist.

Für Kohut gibt es daher verschiedene narzisstische Zustände von seelischer Gesundheit über die narzisstische Persönlichkeitsstörung bis hin zur Psychose.

Familie

Zum Punkt Familie, Frau und Kinder von Heinz Kohut ist wenig bekannt.

Es konnte nur in Erfahrung gebracht werden, dass Heinz Kohut mit Elisabeth Kohut verheiratet war.

Kapitel 5: Karen Horney

Kindheit und Jugend

Karen Horney Karen Horney wurde am 16. September 1885 in Blankenese als Karen Clementine Theodore Danielsen geboren. Ihr Vater Berndt Wackels Danielson war ein norwegischer Kapitän. Ihre Mutter stammte aus den Niederlanden und hieß Clothilde Marie van Ronzelen.

Der Vater von Karen Horney soll sehr religiös und autoritär gewesen sein. Sie hatte einen älteren Bruder, der ebenfalls wie ihr Vater mit Vornamen Berndt hieß Zudem hatte sie noch vier ältere Halbgeschwister, die aus erster Ehe des Vaters stammten. Die Mutter von Karen war als zweite Ehefrau rund 19 Jahre jünger als die erste Gattin des Vaters.

Von ihrem Vater bekam sie nicht die Zuneigung, die sie sich als Kind wünschte. Sie war dagegen aber der Liebling der Mutter. Als bei ihr die Pubertät einsetzte, machte sie eine schockierende Erfahrung, da sie sich in ihren eigenen Bruder verliebte. Der Bruder reagierte beschämt, was bei ihr zu Depressionen führte. Diese Krankheit sollte sie daraufhin ein Leben lang begleiten.

Im Jahre 1904, da war sie 19 Jahre alt, ließen sich die Eltern scheiden. Die Mutter nahm die beiden leiblichen Kinder Karen und Bernd zu sich.

Ausbildung

Karen Horney Im Jahre 1906, also im Alter von 21 Jahren begann Karen Horney ein Studium der Medizin in Freiburg. Sie war damit eine der ersten Frauen überhaupt, die ein solches Studium in ihrer Zeit, in der dies noch nicht selbstverständlich war, wagte. Dort lernte sie auch ihren späteren Mann Oskar Horney kennen, der Wirtschaftswissenschaften studierte. Befreundet war sie in ihrer Studienzeit zudem mit ihrem Studienkollegen Carl Müller-Braunschweig, welcher ebenfalls wie sie, sich später der Psychoanalyse widmete.

Ihr Studium setzte sie 1909, nach ihrer Ehe, aufgrund der Anstellung ihres Mannes bei einem Industrieunternehmen in Berlin an der Charité fort. 1911, in diesem Jahr hatte sie bereits die Doppelbelastung als Mutter und Studentin, was für damalige Verhältnisse sehr beachtlich war, begann sie, sich bei Karl Abraham der Psychoanalyse zu widmen. Am Jahresende bestand Karen Horney ihr erstes Staatsexamen.

Es folgte ein praktisches Jahr am Berliner Urbankrankenhaus und außerdem in der Heil- und Pflegeanstalt Berolinum, wo sie auf der psychiatrischen Abteilung tätig war. Dort erhielt sie auch im Jahre 1913 ihre Approbation.

Im Jahre 1915 promovierte Karen Horney beim Psychiater Karl Ludwig Bonhoeffer (Vater vom bekannteren Widerstandskämpfer Dietrich Bonhoeffer) über Psychosen aufgrund von Kopfverletzungen.

Erwachsenenalter

Karen Horney Im Jahre 1915 arbeitete Karen Horney eine kurze Zeit in einer Poliklinik, welche von Hermann Oppenheim betrieben wurde, als Assistentin und anschließend bis zum Jahre 1918 an einem psychiatrischen Krankenhaus in Berlin.

Im Jahre 1919 folgte der Schritt in die Selbständigkeit. Sie eröffnete eine eigene Praxis für Psychoanalyse. Zudem war sie nebenher auch noch am Berliner Psychoanalytischen Institut als Lehranalytikerin tätig.

Wie so viele Wissenschaftler verließ auch Karen Horney im Jahre 1932 aufgrund des aufkommenden Nazionalsozialismus Deutschland und emigrierte in die USA. Dort fand sie schnell eine Anstellung als Direktionsassistentin bei Franz Alexander in Chicago am dortigen Psychoanalytischen Institut.

Da sie teilweise mit den Meinungen der amerikanischen psychoanalytischen Gesellschaft, der sie anfangs angehörte, nicht übereinstimmte, gründete sie im Jahre 1942 eine eigene psychoanalytische Gesellschaft unter dem Namen "Association for the Advancement of Psychoanalysis". An dieser Gründung waren auch andere Kollegen, wie z. B. Erich Fromm beteiligt. Zudem entstand ihr eigenes psychoanalytisches Institut. Dieses ist bis in die Gegenwart als "Karen Horney Institut" bekannt.

Letzte Lebensjahre und Tod

Karen Horney litt in ihrem letzten Lebensabschnitt an einer Darmkrrebserkrankung.

Sie starb schließlich am 4. Dezember des Jahres 1952 an den Folgen dieser Krankheit im Alter von 67 Jahren in New York.

Familie

Karen Horney heiratete im Jahre 1909 ihren Mann Oskar Horney, den sie in ihrer Studienzeit kennen und lieben gelernt hatte.

Beide hatten zusammen drei Töchter. 1911 kam Tochter Sonni Brigitte zur Welt. Diese erlangte später als die Schauspielerin Brigitte Horney Bekanntheit.

1913 folgte die Geburt der zweiten Tochter Marianne. 1916 gebar sie die dritte und letzt Tochter mit dem Namen Renate.

1926 verließ sie ihren Mann, der ihrem eigenen Vater sehr ähnelte, da er ähnlich streng war. Dieser war einige Jahre zuvor an Meningitis erkrankt und seitdem ein gebrochener Mann und zudem sehr streitsüchtig. Die Kinder blieben bei ihr.

Im Jahre 1923 musste sie einen schweren Schicksalsschlag hinnehmen, da ihr älterer Bruder mit 40 Jahren an einer Lungenentzündung starb. Das verstärkte ihre Depressionen, die zeitweise sogar zu Selbstmordgedanken führten.

Lebenswerk

Karen Horney schrieb mehrere Bücher, in welchen sie ihre eigene tiefenpsychologische Persönlichkeitstheorie darstellte. Da sie zwar große Teile der Freudschen Theorien anerkannte, sich aber von seiner Libidotheorie und dem Ödipus-Komplex distanzierte, gilt sie heute als Vertreterin der Neopsychoanalyse.

Sie war die erste Psychoanalytikerin, welche die Entstehung von Neurosen als ein Ergebnis soziologischer Faktoren sah. Dieses schrieb sie in ihrem ersten Werk "Der neurotische Mensch unserer Zeit" im Jahre 1937 nieder.

Ein Jahr später erschien ihr Buch "Neue Wege in der Psychoanalyse", in welchem sie auf die Theorien ihres Vorbildes Sigmund Freud einging und diese teilweise abänderte und weiterentwickelte. Viele der Freudschen Ansichten teilte sie aber weiterhin und fand darin sogar eine Bestätigung ihrer eigenen Theorien hinsichtlich der Entwicklung von Neurosen.

Es folgen in den Jahren von 1942 bis 1950 drei weitere Bücher unter den Titeln "Selbstanalyse", "Unsere inneren Konflikte", "Neurose und menschliches Wachstum".

Der Neurosenbegriff

Karen Horney entwickelte während ihrer Schaffenszeit eine ganz eigene Definition der Neurose, welche ihrer Ansicht nach an fünf Merkmalen erkannt werden kann.

Als erstes Merkmal nannte sie gesellschaftlich abweichendes Verhalten. Bestimmte Dinge werden je nach Gesellschaft, in der sich ein Individuum befindet als normal oder abweichend empfunden.

Zweitens war sie der Ansicht, dass ein neurotischer Mensch zu einer starren, sehr monotonen Reaktionsweise neigt. Eine solche Person wird also situationsbedingt Einstellungen wie Freundlichkeit oder Misstrauen nicht abändern, sondern beibehalten, ganz egal, ich welcher Situation er sich befindet.

Drittens kann ein Neurotiker seine eigenen Fähigkeiten im Verhältnis zu seiner Leistungsfähigkeit nicht richtig einschätzen. So führt dies letztendlich dazu, dass er z. B. eine Tätigkeit ausübt, die ihn total unterfordert.

Viertens haben nach Horney Neurotiker überdurchschnittlich stark ausgeprägte Ängste. Er ist mehr mit der Bewältigung seiner Ängste beschäftigt als mit der Teilnahme am wirklichen Leben, da ihm dazu wegen der Ängste einfach die Kraft fehlt.

Fünftens und letztens sind Neurotiker Menschen mit vielen widersprüchlichen Absichten, die eigentlich nicht vereinbar sind. Als Beispiel wäre ein rücksichtsvolles Verhalten gegenüber einem Konkurrenten zu sehen, obwohl man gleichzeitig mit ihm in den Konkurrenzkampf eintritt.

Ihrer Ansicht nach ist die Angst die zentrale Ursache beim Entstehung von Neurosen. Sie spricht in ihrer Theorie von der Entstehung einer sogenannten Grundangst, welche in der frühkindlichen Entwicklung entsteht. Eine solche Grundangst entwickelt sich nach Horney bei jedem Menschen, nicht nur beim Neurotiker, ist also eigentlich ein völlig normaler Prozess in der menschlichen Entwicklung.

Das Kind reagiert schon in frühen Jahren mit Ablehnung oder Feindseligkeit auf die Ängste und Feindseligkeiten der Erziehungsperson, in der Regel den Eltern. Diese wiederum nutzen das Abhängigkeitsverhältnis der Kindes aus, indem sie z. B. die ablehnende Haltung oder entgegengebrachte Feindseligkeit bestrafen oder unterdrücken (egal, ob bewusst oder unbewusst). Das Kind muss daraufhin selber seine eigenen Gefühle unterdrücken, damit es zurecht kommt. Die Folge ist die Entstehung der Grundangst. Ist die Bestrafung oder die Unterdrückung über das übliche Maß erhöht, ist auch die Grundangst wesentlich größer, was die Entstehung einer späteren Neurose begünstigt.

Dadurch, dass die Feindseligkeit in der Kindheit zu stark unterdrückt wurde, steht sie im späteren Leben nicht mehr für eine Problembewältigung in einer konkreten Situation zur Verfügung, dennoch sucht das Innere aber nach einer Entladung der eigentlich im Inneren vorhandenen Feindseligkeit. Bei der neurotischen Person wird diese Feindseligkeit, die nicht abgebaut werden kann, immer stärker. Diese Feindseligkeit führt zu einer gesteigerten Angst und umgekehrt führt die nun gesteigerte Angst zu einer weiter gesteigerten Feindseligkeit. Man kann von einem Teufelskreis sprechen. Andere Menschen werden als wenig berechenbar und verlässlich empfunden, weshalb man ihnen gegenüber noch feindseliger ist und zudem auch Angst vor ihnen entwickelt.

Jeder Mensch versucht im Laufe des Lebens, seine Grundangst weitestgehend einzudämmen, egal ob es sich um eine gesunde oder neurotische Person handelt. Nach Karen Horney bedient sich der Mensch dazu vier verschiedener Verhaltensweisen:

1. Das Verschaffen von Liebe
2. Unterwerfung gegenüber einer Person durch Nachgiebigkeit oder in einer Institution (z. B. Kirche)
3. Streben nach eigener Macht
4. Distanzierung von allem durch Streben nach Unabhängigkeit

Diese Verhaltensweisen der Eindämmung der Grundangst sind nach ihrer Vorstellung ein zwingender biologischer Trieb im Menschen. Die vier unterschiedlichen Punkte können nicht alle miteinander kombiniert werden und schließen sich unter Umständen gegenseitig aus. Jemand, der sich unterwürfig zeigt, wird wohl nicht nach eigener Macht streben. Jemand, der sich anderen unterordnet, um vielleicht Liebe von ihnen zu erfahren, wird weniger nach der eigenen Unabhängigkeit streben.

Beim Neurotiker dagegen führt die Kombination dieser vier Punkte zu ganz eigenen Verhaltensweisen. So entwickelt der Neurotiker ein neurotisches Liebesbedürfnis. Damit will er seine Ängste durch die Liebesbeziehung überwinden. Neurotische Menschen neigen zu Eifersucht, können schwer mit Ablehnung umgehen, wollen die bedingungslose Liebe erzwingen, verlangen nach Mitleid und können im Extremfall sogar Leib oder Leben des Geliebten bedrohen.

Zudem streben neurotische Personen besonders nach Macht und Anerkennung und neigen dazu, diese Macht zu missbrauchen. Rechthaberei, Dickköpfigkeit und Herrschsucht, aber vollkommene Beherrschtheit können die Folge sein.

Die Macht beruhigt sie, da sie damit die nötige Distanz zu ihren Mitmenschen wahren können. Die Macht schützt sie vor dem ungewünschten Gefühl der Hilfs- und Bedeutungslosigkeit und der Schwäche. Deshalb wird der Neurotiker versuchen, andere mit seiner Macht zu beeindrucken.

Der Wettbewerb und seine Auswirkungen

Nach der Ansicht von Karen Horney steht der Mensch in unserer westlichen Welt mit seinem Mitmenschen in einem ständigen Wettbewerb. Dieser Wettbewerb findet in allen Lebensbereichen, egal, ob in der Schule, im Berufsleben, aber auch bei der Partnerwahl statt.

Vor allem beim Neurotiker entwickelt dieser Wettbewerb ein neurotisches Konkurrenzbedürfnis, welches sich an drei Verhaltensweisen zeigt:

- er vergleicht sich stets mit anderen, auch wenn es völlig sinnlos ist
- will selber einzigartig sein und von anderen abheben
- sein Ehrgeiz wird von Feindseligkeit begleitet

In Beziehungen werden die Partner oft vom Neurotiker unterdrückt und es kommt zu Demütigungen. Sein neurotisches Konkurrenzbedürfnis versucht er mit Bewunderung oder Skepsis zu verbergen.

Während beim gesunden Mensch die Liebespartnerwahl durch Ansehen und Besitz beeinflusst wird und weniger durch Neigung, findet beim Neurotiker diese Wahl nach Macht, Ansehen und Besitz statt. Deshalb neigen neurotische Personen nach Horney überdurchschnittlich häufig zu Homosexualität, eine durchaus beeindruckende Ansicht in der heutigen Zeit, wo dies nicht als krankhaft, sondern gesellschaftlich akzeptiert gilt. Karen Horney war der Auffassung, dass der Grund darin liegt, dass im anderen Geschlecht mehr Gefahren gesehen werden und man diesem feindseliger gegenüber tritt. Das Bündnis mit dem eigenen Geschlecht dagegen ist wegen der geringeren Gefahr deshalb vorteilhaft.

Der Wettbewerb mit den Mitmenschen ist es, der starke Ängste beim Neurotiker entstehen lässt. Dies führt unter Umständen zum Rückzug aus dem Wettbewerb, da er Demütigungen oder Vergeltungen fürchtet. Angst vor Misserfolgen ist bei ihm besonders ausgeprägt. Doch ebenso hat er besondere Angst vor dem Erfolg und den daraus entstehenden Konsequenzen. Andere könnten ihm seinen Erfolg neiden und ihn daher ablehnen und nicht mehr lieben. Für den Neurotiker ist also das Streben nach Macht bei gleichzeitigem Streben nach Liebe der ständige Konflikt, dem er sich entziehen will.

Kapitel 6: Abraham Maslow

Kindheit und Jugend

Abraham Maslow (vollständiger Name Abraham Harold Maslow) wurde am 01.04.1908 in Brooklyn, New York City als ältestes von insgesamt sieben Kindern der jüdisch-ukrainischen Immigranten Samuel und Rose Maslow geboren. In seiner Kindheit war er eher ein Einzelgänger mit wenigen Freunden. In der ganzen Nachbarschaft war er der einzige jüdische Junge und war auch deshalb in der Kindheit etwas isoliert.

Seine Hauptbeschäftigung zu dieser Zeit bestand im Lesen. Mit seinem Vater gab es häufig Konflikte. Dieser soll den jungen Abraham in der Erziehung regelrecht unterdrückt haben. Der Vater selber soll ein Säufer und Frauenheld gewesen sein und seinen Sohn als Taugenichts und dumm bezeichnet haben.

Das ließ natürlich an Abrahams Selbstbewusstsein nagen. Auch seitens der Mutter soll die kindliche Erziehung nicht wesentlich besser gewesen sein, sie war gegenüber dem Jungen sehr gefühlskalt. Man kann also sagen, dass der junge Abraham alles andere als eine liebevolle und schöne Kindheit hatte.

Studienzeit

Zunächst studierte Abraham Maslow auf Wunsch der Eltern Jura am City College of New York. Doch schließlich nahm er nach einigen Semestern ein Psychologie-Studium an der University of Wisconsin-Madison auf.

Im Jahre 1930 erhielt er schließlich den Grad des B.A., ein Jahr später den des M.A. Im Jahre 1934 promovierte er in Psychologie.

Beruflicher Werdegang

Im Jahre 1935 arbeitete er mit E. L. Thorndike an der Columbia University zusammen und widmete sich der Forschung des menschlichen Sexualverhaltens.

Ab dem Jahre 1937 arbeitete er zunächst als Professor am Brooklyn College der City University of New York. Dort traf er unter anderem auch auf den berühmten Psychologen Alfred Adler.

Im Jahre 1951 ging er nach Boston an die Brandeis University. Dort arbeitete er u. a. mit Kurt Goldstein zusammen. Nun widmete er sich seinen eigenen theoretischen Arbeiten. Zu dem wohl herausragendsten Ergebnis seiner Arbeit gehört seine auch heute noch gültige Bedürfnispyramide.

Im Jahr 1967 erhielt er eine große Ehrung für seine Leistungen in der Psychologie als "Humanist des Jahres".

Familie

Abraham Maslow war gegen den Willen seiner Eltern mit seiner Kusine Bertha Goodman verheiratet, die ein Jahr jünger war als er.

Aus dieser Ehe gingen zwei Töchter (Ann und Ellen) hervor. Er bezeichnete diese Eheschließung selber als den wahren Beginn seines Lebens und war mit ihr bis zu seinem Tode am 08.06.1970 (er starb beim Joggen aufgrund eines Herzinfarktes) glücklich verheiratet.

Das Verhältnis zu den eigenen Eltern war auch in den späteren Jahren aufgrund seiner schlechten Kindheit sehr gestört. So nahm er nicht einmal an deren Beerdigungen teil und verweigerte ihnen diesen letzten Abschied.

Bedürfnispyramide - Definition und Erklärung

Zu Abraham Maslows bekanntester Leistung im Bereich der Psychologie zählt wohl dessen Bedürfnispyramide, einem Stufenmodell der menschlichen Motivationen. Diese Pyramide wurde von ihm in insgesamt fünf Stufen unterteilt.

In der ersten Stufe an unterster Stelle sieht er die physiologischen Grund- und Existenzbedürfnisse wie z. B. ausreichend Nahrung, Wärme etc. Sie sind seiner Auffassung nach die grundlegendsten und mächtigsten unter allen Bedürfnissen.

In der zweiten Stufe der Hierarchie innerhalb der Maslow'schen Bedürfnispyramide folgen die Sicherheitsbedürfnisse. Darunter versteht man die Sicherheit, den Schutz, die Stabilität, die Geborgenheit, Freiheit von Angst, das Verlangen nach Strukturen, Ordnungen, Grenzen, Regeln und Gesetzen.

Nach den Sicherheitsbedürfnis folgen auf der dritten Ebene die sozialen Bedürfnisse. Wenn die beiden untersten Ebenen der Bedürfnispyramide befriedigt sind, verlangt der Mensch nach Zuneigung und Liebe, nach sozialer Anerkennung und Zugehörigkeit.

Dieser Hierarchie der Bedürfnisse folgt dann die vierte Ebene mit Anerkennung und Wertschätzung sowie letztendlich auf der obersten fünften Stufe die Selbstverwirklichung eines jeden Menschen.

Maslow sieht in seiner Theorie der Bedürfnispyramide erhebliche funktionale Unterschiede zwischen den verschiedenen Ebenen. Je niedriger die Ebene ist, um so wichtiger sind die Bedürfnisse für das eigentliche Überleben. Deshalb unterscheidet er zwischen Defizitbedürfnissen (niedrigen Bedürfnissen) und Wachstumsbedürfnissen (höheren Bedürfnissen). Erstere müssen auf jeden Fall erfüllt sein, damit der Mensch zufrieden ist, letztere führen neben Zufriedenheit letztendlich zum Glück

Die Wachstumsbedürfnisse, wie also z. B. das Streben nach Selbstverwirklichung, treten erst dann in den Vordergrund, wenn die Defizitbedürfnisse erfüllt sind.

Durch sie erfolgt schließlich die Verstärkung der eigenen Individualität.

Kapitel 7: Carl Rogers

Kindheit und Jugend

Carl Ransom Rogers wurde am 08.01.1902 in Oak Park, Illinois geboren. Sein Vater war ein erfolgreicher Bauunternehmer im Straßen- und Brückenbau. Beide Elternteile waren gebildet und hatten eine akademische Ausbildung. Er war das vierte von insgesamt sechs Kindern (vier Brüder, eine Schwester). Damit wuchs er in einer Großfamilie auf. Seine Eltern hatten eine sehr strenge fundamentalistische Einstellung, was sich auch anhand ihrer Erziehung zeigte. Zum einen kümmerten sich zwar sehr um das Wohlergehen der eigenen Kinder, hatten aber auch einen großen Drang das Verhalten der Schützlinge zu kontrollieren.

Die Familie Rogers gehörte einer freien calvinistischen Gemeinde an und war äußerst religiös. Die Bindungen innerhalb der Familiengemeinschaft waren sehr eng, jeder hatte seine Aufgaben zu erfüllen und hinsichtlich der religiösen Überzeugungen galten die Eltern als sehr kompromisslos. Der Kontakt zu anderen Kindern wurde durch die Eltern deshalb weitgehend verhindert. Zudem durften die Kinder auch keinen Freizeitbeschäftigungen wie Tanzen oder Theaterbesuchen nachgehen.

Das führte dazu, dass Rogers sich zu einem eher introvertierten Einzelgänger entwickelte, dessen Hauptbeschäftigung im Lesen bestand. Morgendliches Beten, harte Arbeit und Verantwortungsübernahme innerhalb der Familie galten als Fundamente der Wertvorstellungen der Eltern.

Aufgrund der strengen elterlichen Erziehung konnte er schon mit vier Jahren aus der Bibel vorlesen und konnte bei der Einschulung direkt eine Klasse überspringen. Trotz dessen galt er bei den Eltern als Problemkind.

Ab 1915 leben die Rogers auf einer eigenen Farm bei Chicago. Nun muss Carl jeden Tag rund zwei Stunden mit der Bahn zur Schule fahren. Alle Kinder müssen immer direkt nach Schulende heimkehren, um auf dem eigenen Hof bei der Arbeit mitzuhelfen. Als Spielkameraden dienen deshalb nur die Geschwister, was den Zusammenhalt unter ihnen stärkt.
Carl zieht sich oft in seine eigene Traumwelt zurück, indem er viele Bücher liest, in denen er dann den Wunsch, Abenteuer zu erleben, ein bisschen ausleben kann. Aber selbst dieses tägliche Lesen heißen die Eltern nicht gut. In der Schule gilt er als schüchtern.

Collegezeit und Studienzeit

Regelrecht befreiend für den jungen Carl war schließlich seine Collegezeit in Madison. Dort studierte er vom 17. bis zum 22. Lebensjahr Landwirtschaft. Das Geld zur Finanzierung des Studiums musste er sich übrigens selbst verdienen. Dort verliebt er sich auch erstmals in Helen Elliot.

Später stellt er jedoch fest, dass Landwirtschaft offensichtlich doch nicht das Richtige für ihn ist und entschließt sich zu einem Theologiestudium. Diesen Entschluss fasste er deshalb, weil er einer von Zehn war, die am christlichen Weltstudententreffen in Peking teilnehmen durften, welches ihn sehr beeindruckte. Durch viele theologische Gespräche wurde bei diesem 5-monatigen Treffen sein religiöses Weltbild gravierend geändert. Er war nun der Meinung, dass jeder Mensch seine eigene Religiosität finden müsse. Das missfiel den Eltern natürlich sehr. Der Konflikt mit den Eltern war vorprogrammiert. Für Carl war dies so schlimm, dass er starke körperlich darunter litt und aufgrund von Unterleibsschmerzen sogar operiert werden musste.

Carl koppelt sich immer mehr von seinen Eltern ab und schafft es schließlich auch, durch ein gewinnbringendes Geschäft in China, sich von diesen unabhängig zu machen. Seine Bindung zu Helen wird immer intensiver, die ihm zudem Halt gibt. 1924 heiratet er sie schließlich gegen den Willen seiner Eltern.

Schließlich entschließt sich Carl Rogers dazu, am sehr liberal geltenden "Union Theological Seminary" in New York Psychologie zu studieren. Das missfällt den Eltern noch mehr. Der Vater will aus seiner Sicht den Schaden begrenzen und bietet an, die Studienfinanzierung zu übernehmen, wenn Carl statt dessen am konservativen Princeton Seminary studiert. Carl setzt sich aber letztendlich mit seinem Plan durch. Zum Bruch mit den Eltern kommt es jedoch nicht, da sein Vater nun endlich einlenkt und erkennt, dass er ansonsten seinen Sohn komplett verliert. Der

Vater zeigt sich sogar bei der Hochzeit von Carl und Helen sehr großzügig.

Während seines Studiums wir er mit der Reformpädagogik vertraut und veranstaltet daraufhin Kindergottesdienste und Diskussionsgruppen für Jugendliche. Neben der Psychologie studiert er auch Pädagogik und Theologie. Nach und nach stellt er fest, dass seine Kerninteressen im Bereich der Psychologie liegen und wendet sich mehr und mehr von dem Gedanken, Pfarrer werden zu wollen, ab.

Er wechselt zur Pädagogischen Hochschule in New York und belegt Kurse in Klinischer Psychologie. Dort promoviert er schließlich auch. Seine Doktorarbeit hatte des Titel "Messung der Persönlichkeit bei 9- bis 13-Jährigen".

Beruf und Berufung

Nachdem Carl Rogers endlich in Psychologie promoviert hatte, bekam er seine erste Anstellung am "Child Study Department of Rochester Society for the Prevention of Cruelty to Children". Dort sammelte er erste Erfahrungen mit mit verhaltensauffälligen Kindern unter klinischen Bedingungen. Diese führen dazu, dass er ein eigenes diagnostisches Verfahren entwickelt mit einer 7-stufigen Skala. Bei dieser Diagnostik spielten beispielsweise Faktoren wie Familienbindung, Selbst-Einschätzung, Gesundheit, Erbanlagen, finanzielle Rahmenbedingungen und Erfahrungen und Erziehung eine wesentliche Rolle. Schon hier fand offensichtlich ein erster Schritt zur

Bildung seiner eigenen Persönlichkeitstheorie statt. Er versuchte sich bei der Behandlung von den auffälligen Kindern in verschiedenen Therapiemethoden und wollte so eine ihm geeignet erscheinende finden. Zu den Kindern, die er behandelte, gehörten Lügner, Sadisten, Kinder, die Stehlen, sexuelle Perversionen hatten, sozusagen die komplette Bandbreite an Auffälligkeiten. Zu seinen Therapieformen, die er testete, gehörten die erziehende Therapie, Beratung, Überredung und die interpretative Therapie. Beeindruckt war er schließlich von der Beziehungstherapie von Otto Rank (einem Freud-Schüler, die ihn maßgeblich beeinflusste. Seine Therapiegespräche wurden nun immer offener und persönlicher. Zudem erkannte er selber an, dass diese ihm auch selber bei der Bewältigung seiner eigenen kindheitlichen Isolation halfen. Er selber sagte das einmal folgendermaßen:

"Wenn ich zurückschaue, wird mir deutlich, daß mein Interesse an Gesprächsführung und Therapie sicher zum Teil aus meiner frühen Einsamkeit erwuchs."

Im Jahre 1936 fasste er den Plan, eine eigene psychologische Klinik in Rochester zu gründen. Zudem erfolgte seine erste Buchveröffentlichung im Jahre 1937 mit dem Titel "The Clinical Treatment of the Problem Child". 1940 nahm er ein Angebot einer Professur an der Ohio State University an, wo er Seminare über Psychotherapietechniken leitete. 1942 folgte sein zweites Buch 1942 mit dem Titel "Counseling and Psychotherapy", mit welchem er sehr polarisierte. Die einen bewunderten es, die anderen lehnten es aufgrund der zu engen Intimität von

Therapeut und Klient ab. Er spaltete damit die Lehrmeinung der Psychologen. Letztendlich führte dieses Buch sogar zum Bruch mit seiner Universität, die er daraufhin verließ.

Er arbeitete schließlich ab 1945 im Beratungszentrum der Universität von Chicago als Leiter, Forscher, Therapeut und Supervisor. 1946 wurde er zudem Präsident der American Psychological Association. Er sah seine sogenannte "Humanistische Psychologie" als Dritte Kraft in der Psychologie. 1952 veröffentlichte er sein drittes Buch "Client-Centered-Therapy".

In den Jahren 1957 bis 1963 war Carl Rogers an der Universität von Wisconsin in Madison tätig, wo er sich weiteren Forschungen widmete. 1961 erfolgte die Buchveröffentlichung "On Becoming a Person", welches sich rund eine Million Mal verkaufte. 1964 wechselte er zum Western Behavioral Science Institute in La Jolla.

Die letzten Lebensjahre von Carl Rogers

In seinen letzten 15 Lebensjahren widmete er sich vor allem sozialen Fragen und der Friedenspolitik. Kurz vor seinem Tod im Jahre 1987 erhielt Carl Rogers sogar eine Nominierung für den Friedensnobelpreis in Anerkennung für seine Verdienste bei der Überwindung kultureller, religiöser und politischer Schranken. Er starb schließlich am 4. Februar 1987 im Krankenhaus nach den Folgen eines Herzinfarktes.

Familie, Frau und Kinder

Carl Rogers war mit Helen Elliot, in die er sich zur Collegezeit verliebte, verheiratet. Nach der Verlobung im Jahre 1922 heiratete er seine Jugendliebe schließlich im Jahre 1924.

Im März 1926 wurde sein Sohn David gebohren. 1928 ist schließlich ein zweites Kind, seine Tochter Natalie unterwegs. Durch seine berufliche Karriere kann sich Carl Rogers nicht viel um seine Familie kümmern. Seine Tochter warf ihm später dies sogar vor und gab an, ihr Vater seinen Therapieansatz erst zu dem Zeitpunkt entwickelt hatte, als ihre Kindheit bereits vorbei gewesen sei.

Beide Kinder beschrieben ihren Vater als zurückhaltend und eher scheu. Zudem gaben sie an, zwar das Gefühl gehabt zu haben, vom Vater geliebt zu werden, dieser das jedoch nicht wirklich zeigen konnte. Bezüglich des Autoritätsverhaltens hätte er auch einiges von seinen Eltern übernommen. So äußerte sein Sohn David, dass Rogers von ihnen verlangte, unangenehme Gefühle mit sich selbst auszumachen, was total seinen späteren sieben Grundsätzen bei der Persönlichkeitsentwicklung widerspricht.

Seine Ehe verläuft nicht immer harmonisch und ist von mehreren Affären geprägt. Erst kurz vor den Tod seiner Frau kann er sich mit ihr versöhnen. Helen verstirbt im Jahre 1979 nach längerer Pflegebedürftigkeit.

Die Entwicklung eines positiven Selbstkonzepts

Die Forschungen von Carl Rogers führten zu einer eigenen Persönlichkeitstheorie, welche letztendlich nicht nur für die Psychologie, sondern auch für die Pädagogik durchaus Bedeutung hat, z. B. bei der Bewertung der Sinnhaftigkeit verschiedener Erziehungsstile.

Carl Rogers nahm als Grundgedanken an, dass jeder Mensch nach Selbstverwirklichung und Selbstaktualisierung strebt. Schon vom Kindesalter an setzt er sich mit seiner Umwelt auseinander. Diese Interaktion mit der Umwelt führt zu Wahrnehmungen. Der Mensch erlebt Dinge und macht sich Eindrücke von dem Erlebten. Durch diese Dinge Entwickelt jeder Mensch sein Selbstkonzept. Dieses Selbstkonzept kann je nach dem Erlebten in eine negative oder positive Richtung steuern.

Teil des Selbstkonzeptes ist nach Rogers Vorstellungen zum einen das Idealselbst, also all das, was sich der Mensch selber an Eigenschaften für sich wünscht und was von der Gesellschaft erwartet wird und zum anderen das Realselbst, also die tatsächlichen Eigenschaften und Fähigkeiten des Menschen. Weichen nun das Idealselbst und das Realselbst zu weit voneinander ab, kann es zu Minderwertigkeitsgefühlen kommen. Was jeder individuell als Realität betrachtet, wird dabei von den eigenen Erlebnissen und Wahrnehmungen bestimmt.

Rogers setzte sich letztendlich mit der Frage auseinander, wie der Mensch zur Entwicklung eines positiven Selbstkonzeptes kommt. Dabei nennt er letztendlich sieben Kerngedanken, welche Eltern bei der Erziehung ihrer Kinder beachten müssen:

1. bedingungslose Liebe, das eigene Kind wird so geliebt, wie es ist.

2. Wertschätzung für das Kind, ein partnerschaftlicher Umgang der Eltern mit ihrem Kind. Beim Aufstellen von Regeln sollen die Kinder mit einbezogen werden, auf ihre Bedürfnisse soll Rücksicht genommen werden

3. Das Interesse am Kind muss echt sein. Sie sollten an der positiven Entwicklung des eigenen Kindes interessiert sein. Ihre Außendarstellung sollte sich nicht stark vom Verhalten gegenüber dem Kind unterscheiden.

4. Selbständigkeit (Autonomie) des Kindes ist sehr wichtig, ständige Kontrolle und Bevormundung eher hinderlich. Man sollte dem eigenen Kind vertrauen und es bei der freien Entfaltung unterstützen.

5. Das Kind sollte von seinen Eltern zu neuen Ideen angeregt werden und dabei Unterstützung erfahren.

6. Wichtige Fundamente sind Sicherheit und Geborgenheit und Zuverlässigkeit

7. Kinder sollten eigene Gefühlen zeigen dürfen, auch wenn diese mal negativ sind, z. B. Ängste oder Traurigkeit. Auf keinen Fall sollte das Zeigen von

Gefühlen durch die Eltern sanktioniert werden. Dadurch wird die Entstehung eines negativen Selbstkonzeptes geradezu gefördert.

Seine nicht-direktive Gesprächspsychotherapie

Carl Rogers gilt als der Begründer der sogenannten "nicht-direktiven Gesprächspsychotherapie", einer sogenannten nicht anweisenden Gesprächsführung, in welcher sich der Patient seine Problemlösung letztendlich selber erarbeitet.

Er war der allererste Psychologe, welcher von seinen therapeutischen Sitzungen Gesprächsprotokolle anlegte. Auf diese Art und Weite versuchte er zu erforschen, unter Welchen Bedingungen er seinem Patienten während der einzelnen Sitzungen helfen konnte.

Für Carl Rogers war die folgende Aussage aus seinem Buch "Die nicht direktive Beratung" ein Kerngedanke:

„das Zutagefördern jener Gedanken und Einstellungen, Gefühle und emotional belastenden Impulse, die sich um die Probleme und Konflikte des Individuums konzentrieren. ... Der Berater muss wirklich imstande sein, dem Patienten die Freisetzung zu ermöglichen, damit es zu einem angemessenen Ausdruck der grundlegenden Probleme seiner Situation kommt."

Wenn nach Rogers Ansichten ein Therapieprozess beginnt, steht ganz am Anfang zunächst die Suche des Patienten nach Hilfe im Mittelpunkt. Es erfolgt also eine Verlagerung der eigenen Verantwortung für seine Probleme auf den Therapeuten. Anschließend muss der Therapeut dem Patienten klar machen, dass er kein Wunderheiler ist, der stets die perfekte Lösung hat, sondern zusammen mit ihm Lösungsschritte erarbeiten will. Der Therapeut will den Patienten damit in die Eigenverantwortung seiner Probleme zurückführen.

Der Therapeut hat nun die Aufgabe, den Patienten bei seinen Problemschilderungen dazu zu bestärken, all seine Gedanken und Gefühle auszudrücken (die sogenannte Selbstexploration). Die Aussagen und Erklärungen des Patienten werden nun vom Therapeuten akzeptiert. Zudem versucht er zu erreichen, dass dieser eine klarere Sicht auf seine Probleme bekommt. Alles, was der Patient als Gedanken und Gefühle beschrieben hat, wird nun vom Therapeuten in eigene Worte gefasst, wodurch bei diesem ein Gefühl des endlich Verstandenwerdens und eine gewisse Vertrauensbasis entsteht.

Nach Rogers Meinung wird sich der Patient mit der Zeit öffnen. Dies ermöglicht diesem nicht nur die negativen Gefühle und Gedanken zu sehen, sondern auch positive Gefühle zu entdecken. Genau bei diesen positiven Gefühle muss der Therapeut nun beim Patienten ansetzen. Er will jetzt erreichen, dass es diesem gelingt, diese bewusster wahrzunehmen.

Dadurch werden nach und nach positive Impulse beim Patienten freigesetzt. Der Patient lernt, sich so zu akzeptieren, wie er ist und entscheidet nun mit dem

Therapeuten, welche seiner eigenen Verhaltensweisen er verändern möchte. Eigentliche Aufgabe des Therapeuten ist es nun, verschiedene Handlungsmöglichkeiten mit ihm zu erarbeiten und zudem dem Patienten klarzumachen, eigene Ängste und Hilflosigkeit anzuerkennen. Wichtig ist dabei, dass der Patient zu nichts gedrängt wird.

Nachdem der Patient nun endlich ermutigt ist, wird dies auch sukzessiv zu Handlungsschritten in Richtung der neuen Ziele führen. Er ist ja selbst der Urvater dieser neuen Ideen und kann diese daher auch voll akzeptieren. Immer wieder wurde er ja von seinem Therapeuten auf diese Handlungsschritte vorbereitet. Das Für und Wider wurde immer wieder durchdiskutiert, wodurch der Patient auf die neue Situation verbreitet ist und Ängste vor diesen abbauen konnte. Der Patient löst sich dadurch durch immer größer werdende Eigenverantwortung vom Therapeuten, was letztendlich im Erfolgsfall zur Beendigung der Therapie führen wird.

Kapitel 8: Kurt Lewin

Kindheit und Jugend

Kurt Tsadek Lewin wurde am 09.09.1890 in Mogilno/Polen geboren. Er ein Kind jüdischer Eltern. Sein Vater Leopold war ein Kaufmann. Seine Mutter war Recha Engel.

Er war eines von insgesamt sechs Kindern der Familie (zwei Schwestern namens Hertha und Susanne und drei Brüder namens Egon, Franz und Fritz.

Zunächst besuchte er eine Grundschule mit jüdischem Religionsunterricht. Im Jahre 1905 zogen die Lewins von Polen nach Berlin. Bis 1908 besuchte er anschließend das evangelische Kaiserin-Augusta-Gymnasium. Zwar nahm er mit 13 Jahren am jüdischen Bar-Mitzva-Ritual teil, seine Familie galt jedoch, was den Glauben betrag, als eher liberal. In seiner Schulzeit zeigte er starke Interessen an griechischer Philosophie und an klassischen Sprachen. Anfang 1090 machte er schließlich sein Abitur in Berlin.

Studium

Ab 1909 studierte er schließlich in Freiburg Medizin , später in München und Berlin auch Biologie, Psychologie und Philosophie. Ursprünglich wollte er Landarzt werden. Im dritten Semester fasste er an die Friedrich-Wilhelms-Universität in Berlin den Plan, Wissenschaftler werden zu wollen.

Er konnte aufgrund des Kriegsausbruches zunächst nicht promovieren, sondern erst später im Jahre 1916. Ab 1914 diente freiwillig er im Ersten Weltkrieg.

Während dieser Zeit arbeitete er nebenbei weiter wissenschaftlich. Er wurde nach Kriegsende aufgrund einer Kriegsverletzung, die er sich 1918 zuzog, mit dem Eisernen Kreuz ausgezeichnet.

Beruflicher Werdegang

Bereits im Jahre 1917 veröffentlichte er in der „Zeitschrift für angewandte Psychologie" einen bedeutenden Artikel mit dem Titel „Kriegslandschaft", welcher schon erste Ansätze für seine spätere bahnbrechende Feldtheorie zeigte.

Nach Kriegsende arbeitete Kurz Lewin zunächst wieder am Berliner Institut u. a. mit Hans Rapp zusammen. Er ist in dieser Zeit als Privatdozent und Hochschullehrer tätig. 1920 veröffentlichte er das Buch „Die Sozialisierung des Taylorsystems"

In den 1920er Jahren nahm er eine Lehrtätigkeit an der Berliner Friedrich-Wilhelm-Universität aus, wo er bis 1933 blieb. Mit seinen Kollegen Kurt Koffka, Wolfgang Köhler und Max Wertheimer gründete er die Berliner Schule der Gestaltpsychologie.

Im Jahre 1926 widmete er sich den Untersuchungen zur Handlungs- und Affektpsychologie und veröffentlicht zu diesem Thema Artikel in der Zeitschrift „Psychologische Forschung".

1931 veröffentlichte er die Arbeit „Die psychologische Situation bei Lohn und Strafe", in welcher er Erziehungsprobleme erstmals feldtheoretisch betrachtete. Ein Jahr später folgte das Werk „Der Übergang von der Aristotelischen zur Galileischen Denkweise in Biologie und Psychologie".

Die politische Lage in Deutschland führt schließlich dazu, dass er als Jude das Land verlassen muss und in die USA emigriert. Er hatte schon im Jahre 1932 durch eine halbjährige Gastprofessur an der Stanford University einige Kontakte in die Staaten geknüpft. Ab 1933 wohnte er dann fest in den USA und arbeitete zunächst an der Cornell University in Ithaca. Ab 1935 war er an der University of Iowa als Professor für Kinderpsychologie tätig, wo er insgesamt 9 Jahre blieb.

1936 veröffentlichte er die „Grundzüge der topologischen Psychologie". Dieses Werk erscheint in Deutschland erst 1969. 1937 bis 1938 untersuchte er die Wirkungen von Führungsstilen auf die Gruppenatmosphäre

Ab 1944 arbeitete er Massachusetts Institute of Technology. Am 12.02.1947 stirbt er an den Folgen eines Erzinfarktes in Newtonville im recht jungen Alter von nur 56 Jahren. Er galt zu dieser Zeit als einer der bedeutendsten Psychologen der Welt.

Familie, Frau und Kinder

Im Jahre 1917 heiratete er Maria Landsberg, eine Doktorin der Philosophie, von der er sich allerdings wieder scheiden ließ. Aus dieser Ehe gingen die beiden Kinder Esther Agnes (geb. 1919) und Reuven Fritz (1922) hervor. 1929 folgte die zweite Ehe mit Gertrud Weiss. Auch mit ihr hatte er zwei gemeinsame Kinder namens Miriam Anna (geb. 1931, wird auch Psychologie-Professorin) und Daniel Meier (geb. 1933).

Einen schweren Schicksalsschlag musste er 1918 hinnehmen, als sein Bruder Fritz an der Front starb. Ihm widmete er im Jahre 1922 einen Artikel. Seine Mutter starb 1944 als Jüdin in einem KZ.

Lewins Feldtheorie

Definition und Erklärung anhand von Beispielen

Die Feldtheorie war wohl die bedeutendste Arbeit von Kurt Lewin während seiner beruflichen Laufbahn. Er arbeitete diese eigene Theorie auf Grundlage der Gestalttheorie weiter aus. Lewin spricht in seiner Feldtheorie von sogenannten Vektorenkräften, welche für das menschliche Verhalten in Situationen eine psychologische Relevanz haben.

Nach dieser Theorie lässt ein Bedürfnis Energie frei, verleiht Wert (Valenz) und steuert das Verhalten in eine bestimmte Richtung (Vektor). Lewin betrachtete also das gesamte Lebensumfeld mathematisch. Nach seiner Formel gibt es die drei Variablen Verhalten=V, eine Funktion der Person=P und die Umwelt=U. P und U sind in seiner Formel letztendlich Größen, welche eine wechselseitige Abhängigkeit besitzen. Mathematisch versteht er den Lebensraum als topologischen Raum.

Das Verhalten und die Handlungen des Menschen sind nach der Feldtheorie immer Feldhandlungen. Es wird demnach die aktuelle Lage vor dem Verhalten eines Menschen immer subjektiv betrachtet. Das konkrete Verhalten (die sogenannten Lokomotionen) ist als ein Resulat aus anziehenden und abstoßenden Feldkräften, welche auf den Menschen einwirken.

Man kann Lewins Feldtheorie anhand eines einfachen Beispieles erklären. Ein Mensch hat je nach Tageszeit entweder Hunger oder nicht Hunger (ist also satt). Im ersten Fall führt der Hunger (also das Bedürfnis) dazu, dass Energie freigesetzt wird und dem Bedürfnis eine Valenz (einen Wert) verleiht. Der Mensch wird körperliche Symptome wie Magenknurren haben, aber auch psychisch an Essen denken müssen. Das Essen erhält also einen positiven Wert in dieser konkreten Situation. Je nach der Größe des Hungers kann dann auch Essen ,welches man eigentlich nicht so gerne mag, einen höheren positiven Wert bekommen. Durch diesen Bewertungsprozess entstehen nun die Vektorkräfte. Der Mensch wird seine Wahrnehmung diesbezüglich ausrichten. Alles, was mit Nahrung zu tun hat, wird besser in seiner Umwelt wahrgenommen. Der Mensch wird versuchen, sein Bedürfnis zu befriedigen und eine geeignete Nahrung zu bekommen, also all seine Anstrengungen in

Richtung Bedürfnisbefriedigung ausrichten. Im zweiten Fall, wo der Mensch gesättigt ist, wird all dieses nicht eintreten und er z. B. eine Fernsehwerbung für leckeres Essen deutlich weniger wahrnehmen als im Hungerzustand.

Mit seiner Feldtheorie als sozialpsychologischen Ansatz warf er auch erstmals den Begriff der Gruppendynamik in den Raum. Das in einer Gruppe wirkende Kräftefeld, welches durch Interaktionen der Gruppenmitglieder entsteht, führt letztendlich zu bestimmten Verhaltensweisen, die ebenfalls dem oben genannten mathematischen Modell unterliegen.

Gruppendynamik - Definition und Erklärung

Kurt Lewin gilt als Begründer des Begriffes Gruppendynamik. Er war es, der diesen erstmals im Jahre 1939 öffentlich in diversen Fachartikeln benutzte. In späteren Jahren wurden seine Ansätze noch von Raoul Schindler (Interaktionsmodell zur Rangdynamik) und Jacob Moreno (Angewandte Gruppendynamik) erweitert.

Doch was verstehen wir unter dem Begriff der Gruppendynamik. Dies wollen wir anhand der Definition kurz erklären:

Definition Gruppendynamik:

Unter dem Begriff Gruppendynamik verstehen wir Muster, in welchen die Vorgänge und die Abläufe innerhalb einer Gruppe von Personen stattfinden.

Zudem versteht man darunter auch Methode der Erforschung dieser gruppendynamischen Vorgänge.

In der Gruppendynamik gibt es sowohl die Eigenschaften und Fähigkeiten der Gruppe und die Eigenschaften und Fähigkeiten der einzelnen Gruppenmitglieder. Das heißt aber nicht, dass die Summe der einzelnen Eigenschaften und Fähigkeiten die der Gesamtgruppe ergibt.

Das liegt daran, dass in der Gruppe ein Prozess stattfindet. Die Gruppe entwickelt sich nach einem bestimmten Schema, man spricht hier auf von Phasen. So werden Ziele der Gruppe definiert, die Rollen innerhalb der Gruppe werden verteilt, Regeln und Normen werden festgelegt, Ermächtigungen erfolgen usw.

3-Phasen-Modell - Definition und Erklärung

Das 3-Phasen-Modell , welches von Kurt Lewin begründet wurde, ist ein simples Modell für soziale Veränderungen in einer Gesellschaft. Dieses Modell entstand dadurch ,dass er während des Zweiten Weltkrieges nach seiner Emigration in die USA herausfinden wollte, wie die sozialen Konflikte in Deutschland gelöst werden könnten und sich das Land nach Kriegsende in Richtung Demokratisierung bewegen könnte. Er war letztendlich der Auffassung, dass dieser Schritt von der alten Welt in die neue Welt nur mit einer Umerziehung, also "zum Glück zwingen" erfolgen könnte. Er setzte da auf die Gruppendynamik, also auf Einstellungsänderungen von feindlicher Haltung zu freundlicher Haltung gegenüber dem neuen System.

Nach seinem Phasenmodell erfolgen die Veränderungen in gesellschaftlichen Gruppen immer in drei Phasen, die er mit Auftauen, Bewegen und Einfrieren beschrieb. In der Phase des Auftauens erfolgt zunächst die Vorbereitung auf die Veränderungen, wie z. B. Analysen, Information und Diskussionen. In der Phase "Bewegen" werden schließlich tatsächliche Änderungen auch durchgeführt. Dies erfolgt durch Verantwortungsübernahme, Trainieren und Überwachen der Prozesse. Unter der dritten Phase, dem "Einfrieren" versteht Lewin die Umgewöhnung, der neue Prozess muss natürlich wirken. Es soll durch Stabilisierung erreicht werden, dass ein Rückfall in die alten Strukturen und Verhaltensweisen vermieden werden kann.

Das 3-Phasen-Modell hat heute auch auf die Wirtschaftswissenschaft großen Einfluss.

So sieht man heute Fähigkeit zur Veränderung eines Unternehmens in der Wirtschaftswissenschaft als einen bedeutenden Erfolgsfaktor eines Unternehmens. Allerdings besteht überall dort, wo Menschen arbeiten, das Problem, dass Mitarbeiter Innovationen zunächst sehr skeptisch gegenüberstehen und gegen die Veränderungen oftmals Widerstand leisten, sei es aktiv oder auch passiv. Also muss es den Unternehmen gelingen, den Mitarbeitern diese Ängste und Unsicherheiten zu nehmen. Es müssen also Anpassungen an die veränderten Rahmenbedingungen erfolgen. Man nennt dies in der Wirtschaftswissenschaft auch "zielgerichtetes Change Management".

Erziehungsstile

Kurt Lewin gilt als Mitbegründer der Erziehungsstilforschung. Ende der 1930er führte er gemeinsam mit seinen Kollegen Ronald Lippitt und Ralph K. White Feldexperimente durch, bei denen die Wirkungen unterschiedlicher Führungsstile auf das Leistungsverhalten von Jugendgruppen erforscht wurde.

In ihren Versuchen unterschieden sie zwischen autoritärem, demokratischen und Laissez-faire-Erziehungsstil. Diese Klassifikation von Erziehungsstilen war bis in die 1970er in der Pädagogik Standard. Zudem war dies auch der erste Versuch einer empirischen Absicherung der Ergebnisse.

Durch Glen H. Elder wurde 1962 eine Ergänzung der Lewinschen Erziehungsstile vorgenommen. Er nannte zudem noch den autokratischen, den egalitären, den permissiven und den missachtenden Erziehunsstil.

Führungsstile

Unter einem Führungsstil versteht man ein langfristiges, und relativ stabiles, von der jeweiligen Situation völlig unabhängiges Verhaltensmuster der

Führungsperson, welches zugleich die Grundeinstellung gegenüber den Mitarbeitern zum Ausdruck bringt

In Anlehnung an seine Unterscheidung von drei verschiedenen Erziehungsstilen unterschied er damit dann auch in gleicher Weise drei verschiedene Führungsstile, die Autoritäre Führung, die Demokratische Führung und die Laissez-faire-Führung.

Quellenangaben

Die Informationen dieses Buches entstammen folgenden Webprojekten:

www.sigmund-freud.biz
www.alfred-adler.biz
www.carl-gustav-jung.net
www.heinz-kohut.de
www.carl-rogers.net
www.karen-horney.de
www.kurt-lewin.de

Das Coverbild dieses Buches sowie die Portraitbilder der Psychologen stammen aus wikipedia.de und unterliegen den dort genannten Lizenzbestimmungen. Dieses Buch ist ein Projekt von ragid.de.

Weitere Bücher des Autors

Die Krieger des Seins: Fayndra und Morlas: Wenn Feuer und Wasser sich vereinen...

Broschiert: 207 Seiten
Verlag: Principal Verlag
Sprache: Deutsch
ISBN-10: 3899691733
ISBN-13: 978-3899691733
Größe und/oder Gewicht: 19 x 11,8 x 2 cm